THE KNEELING CHRISTIAN

무릎으로 사는
그리스도인

KB191802

세계
기독교
고전

◀ 54 ▶

THE KNEELING CHRISTIAN

무릎으로 사는
그리스도인

무명의 그리스도인 | 박문재 옮김

CH북스
크리스천
다이제스트

세계 기독교 고전을 발행하면서

한국에 기독교가 전해진 지 벌써 100년이 넘었습니다. 그동안 수많은 기독교 서적들이 간행되어 한국의 교회와 성도들에게 많은 공헌을 해 왔습니다. 그러나 기독교 역사 100년을 넘어선 우리의 교회와 성도들에게 더 큰 영적 성숙과 진정한 신앙을 심어 주기 위해서는 가치 있는 기독교 서적들이 많이 나와야 한다고 생각합니다. 그리하여 영혼의 양식이 될 수 있는 훌륭한 기독교 서적들이 모든 성도들의 가정뿐만 아니라 믿지 아니하는 가정에도 흘러넘쳐야만 합니다.

믿는 성도들은 신앙의 성장과 영적 유익을 위해서 끊임없이 좋은 신앙 서적들을 읽고 명상해야 하며, 친구와 이웃 사람들의 구원을 위하여 신앙 서적 선물하기를 즐기고 읽도록 권해야 합니다. 이것은 하나님의 백성으로서 살기 원하는 사람의 의무입니다.

존 웨슬리는 "성도들이 책을 읽지 않는다면 은총의 사업은 한 세대도 못 가서 사라져 버릴 것이다. 책을 읽는 그리스도인만이 진리를 아는 그리스도인이다."라고 말했습니다. 우리는 이제 한국에서 최초로 세계의 기독교 고전들을 총망라하여 한국의 교회와 성도들에게 소개하고자 합니다. 전세계의 기독교 고전은 모든 기독교인들에게 영원한 보물이며, 신앙의 성숙과 영혼의 구원을 위하여 이보다 더 귀한 것은 없을 것입니다.

이러한 취지로 어언 2천여 년의 세월이 지나는 동안 세계 각국에서 저술된 가장 뛰어난 신앙의 글과 영속적 가치가 있는 위대한 신앙의 글만을 모아서 세계 기독교 고전 전집으로 편찬하고자 합니다.

우리는 이 세계 기독교 고전 전집을 알차고, 품위 있게 제작하여 오늘날 한국의 교회와 성도들에게 제공하고 후손들에게도 물려줄 기획을 하고 있습니다. 우리는 다시 한번 다니엘 웹스터가 한 말을 깊이 생각해 보아야 할 것입니다.

"만약 신앙 서적들이 우리 나라 대중들에게 광범위하게 유포되지 않고, 사람들이 신앙적으로 되지 않는다면, 우리 나라가 어떤 나라가 될지 걱정스럽다 … 만약 진리가 확산되지 않는다면, 오류가 지배할 것이요, 하나님과 그의 말씀이 전파되고 인정받지 못한다면, 마귀와 그의 궤계가 우세할 것이요, 복음의 서적들이 모든 집에 들어가지 못한다면, 타락하고 음란한 서적들이 거기에 있을 것이요, 우리나라에서 복음의 능력이 나타나지 못한다면, 혼란과 무질서와 부패와 어둠이 끝없이 지배할 것이다."

독자들의 성원과 지도 편달을 바라마지 않습니다.

CH북스
발행인 박명곤

차 례

저자 서문

중국에 간 한 여행자가 큰 명절에 이교의 사당을 방문했습니다. 거기에 온 많은 사람들은 신성한 경내에 안치된 끔찍한 우상을 섬기는 자들이었습니다. 이 여행자는 거기에 참배하러 온 대다수의 사람들의 손에 기도문이 적혀 있거나 인쇄된 작은 쪽지가 들려 있는 것을 알았습니다. 그들은 그 기도문 쪽지를 작고 동그란 진흙덩어리 속에 넣어서 그 우상에게 던졌습니다. 그가 사람들이 왜 이런 이상한 의식을 행하는지 그 이유를 물어보았더니, 진흙덩어리가 그 우상에 들러붙으면 신이 그 기도문에 씌어진 것을 들어주고, 바닥으로 떨어지면 들어주지 않는다는 대답이 돌아왔습니다.

우리는 자신의 기도가 이루어질 것인지의 여부를 시험하는 이 특이한 방법을 들으면 웃어 버릴지도 모릅니다. 그러나 살아 계신 하나님께 기도하는 그리스도인들 중에서 대다수가 어떻게 해야 자신의 기도가 진정으로 응답받게 되는 것인지에 대하여 거의 모르고 있는 것이 현실이지 않습니까? 기도는 하나님의 보물창고의 문을 여는 열쇠인데도 말입니다.

시험에 대하여 승리할 수 있는 것, 어려움들과 위험들 앞에서 확신을 가지고 평안할 수 있는 것, 크게 실망할 일이나 손실의 때에 평정심을 유지할 수 있는 것, 하나님과 늘 교제하고 소통할 수 있는 것 등과 같이 영적인 삶 속에서의 모든 진정한 성장은 은밀한 기도의 실천에 달려 있다고 말해도 결코 지나치지 않습니다.

　이 책은 요청을 받은 후에 많이 주저하고 망설이다가 씌어졌고, 많은 기도로 씌어졌습니다. "항상 기도하고 낙심하지 말아야" 한다고 말씀하신 분이 "우리에게 기도하는 것을 가르쳐 주시기"를 빕니다.

제1장

하나님이 필요로 하시는 것

"하나님이 이상히 여기셨다." 이것은 우리의 이목을 집중시킬 만한 말입니다! 이 말 속에는 아주 대담한 생각이 담겨 있기 때문에, 틀림없이 남녀노소를 막론하고 모든 그리스도인들의 주목을 끌 수밖에 없습니다. 이상하게 여기시는 하나님! 우리는 하나님이 "이상히" 여기실 정도의 일이라면, 당연히 그 일은 우리가 알면 기절초풍할 그런 일일 것이라고 생각하는 것이 당연합니다! 하지만 실제로 알고 보면 그 일은 우리가 보기에 아주 작은 일입니다. 하지만 그 일을 주의 깊게 찬찬히 숙고해 보면, 우리는 그 일이 주 예수 그리스도를 믿는 모든 사람들에게 가장 중요한 일들 중의 하나라는 것을 발견하게 됩니다. 우리가 영적으로 잘되기 위해서는 그 일보다 더 중대하고 결정적으로 중요한 일은 없습니다.

하나님은 "중보기도자가 아무도 없는 것을 이상히 여기셨습니다"(사 59:16, RV의 난외주와 개역개정에는 "중재자가 없음을 이상히 여기셨으므로"). 그러나 이것은 오래 전에, 그러니까 "은혜와 진리가 충만하신" 주 예수 그리스도께서 오시기 이전에, 그리고 은혜와 능력으로 충만하여 "우리의 연약함을 도우셔서" 우리 안에서 및 "우리를 위하여 친히 중보기도 하시는"(롬 8:26, 개역개정에는 "우리를 위하여 친히 간구하시느니라") 성령이 부어지기 이전에 있었던 일입니다. 그렇습니다. 기도에 관한 우리 구주의 진정으로 놀랄 만한 약속들이 주어지기 이전에, 사람들이 기도에 대해 아주 많이 알게 되기 이전에, 자신들의 죄에 대한 희생제사가 사람들의 눈에 아주 크게 어른거려서 다른 사람들을 위해 간구할 여력이 없던 시대에 있었던 일입니다.

그렇다면 오늘날 하나님은 그 시대보다 훨씬 더 이상히 여기실 것임에 틀림없습니다! 왜냐하면, 우리 중에는 응답받는 기도가 진정으로 무엇인지를 아는 사람이 거의 없기 때문입니다. 우리 모두는 기도를 믿는다고 고백합니다. 하지만 우리 중에서 기도의 능력을 진정으로 믿는 사람은 과연 몇이나 될까요? 우리가 한 걸음 더 앞으로 나아가기 전에, 필자는 여러분이 이 장들에 담겨 있는 내용들을 건성으로 읽지 않도록 신신당부를 드립니다. 많은 것, 아니 아주 많은 것이 각각의 독자가 여기에 기록된 내용을 어떤 방식으로 받아들이느냐에 의해 좌우됩니다. 왜냐하면, 모든 것은 기도에 달려 있기 때문입니다.

많은 그리스도인들이 왜 그토록 자주 패배할까요? 기도를 거의 하지 않기 때문입니다. 많은 교회 사역자들이 왜 그토록 자주 낙심하고 낙망할까요? 기도를 거의 하지 않기 때문입니다.

왜 그들의 사역을 통해서 "어둠에서 빛으로" 나오는 사람이 별로 없을까요? 기도를 거의 하지 않기 때문입니다.

우리의 교회들이 왜 하나님을 향하여 한마음으로 불타오르지 않을까요? 진정한 기도가 별로 없기 때문입니다.

주 예수님은 오늘날에도 이전처럼 여전히 능력이 많으십니다. 주 예수님은 지금도 이전처럼 여전히 사람들이 구원받기를 간절히 원하십니다. 그의 팔이 짧아져서 사람들을 구원하실 수 없는 것이 아닙니다. 우리가 더 많이 기도하고 더 진실하게 기도하지 않는다면, 예수님은 자신의 팔을 뻗어 사람들을 구원하실 수 없습니다.

우리가 확신할 수 있는 것은 모든 실패의 비밀은 은밀한 기도에서의 우리의 실패에 있다는 것입니다.

하나님이 이사야 시대에 "이상히" 여기셨다면, 우리는 주님이 육체로 계시던 날들에 "이상히 여기신" 것을 발견했을 때 놀랄 필요가 없습니다. 주님은 사람들이 믿지 않는 것을 보시고 이상히 여기셨고, 그들의 불신앙으로 인해서 실제로 그들의 성읍들에서는 권능을 행하실 수 없으셨습니다(막 6:6).

그러나 우리는 이러한 불신앙의 죄를 지은 자들은, 그들에게 주님을 원하거나 믿고자 하는 마음을 불러일으킬 만한 것을 주님 안에서 보지 못했던 자들이라는 것을 기억해야 합니다. 그렇다면, 오늘날 주님을 진정으로 사랑하고 경배하는 우리 가운데서 진심으로 "스스로 분발하여 주를 붙잡는 자가 없는"(사 64:7) 것을 보실 때, 주님은 얼마나 "이상히" 여기실지는 두말할 필요가 없을 것입니다. 그리스도인이 사실상 기도를 하지 않는 것보다 더 기절초풍할 일이 과연 있겠습니까? 지금은 다사다난한 불길한 시대입니다. 사실, 지금이 하나님이 모든 육체에 성령, 곧 간구의 영을 부어 주시겠다고 약속하신 저 "말일"임을 보여 주는 많은 증거들이 있습니다(욜 2:28). 하지만 신앙을 고백한 그리스도인들 중 대다수는 "간구"라는 것이 무엇을 의미하는지조차 잘 모릅니다. 그리고 우리의 교회들 중 상당수가 기도 집회를 갖지 않을 뿐만 아니라, 심지어 기도 집회들을 정죄하고 비웃으며 조롱하기까지 하면서도 부끄러운 줄을 모릅니다.

영국 국교회에서는 예배와 기도의 중요성을 인식하고서 성직자들이 교회에서 매일 아침과 저녁으로 기도문들을 읽을 것을 권장합니다.

그러나 성직자들은 텅 빈 교회에서 기도문들을 읽을 때가 비일비재하지 않습니까? 그리고 흔히 기도문들은 진정한 예배를 불가능하게 할 정도의 속도로 아주 빠르게 읽고 끝내 버리는 경우도 비일비재하지 않습니까? 또한, "공동 기도문"은 흔히 필연적으로 그 내용이 모호하고 추상적일 수밖에 없습니다.

그리고 예전처럼 매주마다(weekly) 기도 집회를 여전히 갖고 있는 교회들의 사정은 어떻습니까? "매주마다"가 아니라 "빈약하게"(weakly)가 더 적절한 단어가 아니겠습니까? 스펄전은 자기가 매주 월요일마다 "천 명에서 천이백 명이 참석하는" 기도 집회를 인도했다고 말할 수 있는 기쁨을 누렸습니다.

형제들이여, 우리는 기도라는 것을 믿기를 그만둔 것입니까? 여러분의 교회에서 여전히 매주 기도 집회를 갖는다고 하여도, 대다수의 교인들은 그 집회에 한 번도 참석하지 않는 것이 사실이지 않습니까? 그렇습니다. 그들은 그런 집회에 갈 생각조차 아예 하지 않습니다. 왜 그렇습니까? 그렇게 된 것이 누구의 잘못입니까?

"오직 기도만 하는 집회" — 우리는 이 말을 너무나 자주 들어 왔습니다! 하지만 그런 집회에 참석한 사람들 중에서 진정으로 기도가 하고 싶어서 집회에 참석해서 합심해서 간절하게 기도하는 사람이 몇 명이나 될까요? 그들은 그런 집회에 참석하는 것을 기쁨으로 여깁니까, 아니면 단지 의무로 여깁니까? 내가 너무나 많은 질문들을 던지고, 우리 교회들의 치명적인 약점이자 통탄할 만한 단점이라고 할 수 있는 것들을 지적한 것에 대해 용서를 구합니다. 비판하고자 하는 것이 아니고, 정죄하고자 하는 것은 더더욱 아닙니다. 그런 것은 누구나 할 수 있습니다. 우리가 간절하게 원하는 것은 그리스도인들로 하여금 이전의 그런 모습을 떨쳐내 버리고 분발하여 하나님을 "붙잡게" 하는 것입니다. 그리스도인들에게 힘을 주고 격려하며 분발하게 하여 일으켜 세우고자 하는 것입니다.

무릎으로 살아가는 사람들의 마음은 결코 높아져 있을 수 없습니다.

비판이라고요? 감히 누가 누구를 비판한단 말입니까? 우리가 우리의 지난날을 되돌아보고, 얼마나 기도 없이 살아 왔었는지를 기억할 때, 다른 사람들을 비판하는 말은 우리의 입술에서 사라져 버립니다.

그러나 우리는 개별 신자들과 교회를 향해 나팔을 불어 기도에로 나아오라고 부를 때가 왔다고 믿습니다.

그런데 감히 우리가 기도라는 문제를 정면으로 다루는 것이 합당한 일입니까? 기도는 모든 종교의 일부라는 점에서, 이것은 어리석은 질문처럼 보입니다. 하지만 우리는 감히 독자들에게 이 문제를 정면으로 똑똑히 직시할 것을 요구합니다. 여러분은 기도가 능력이라는 것을 진정으로 믿고 있습니까? 여러분에게 기도는 이 땅에서 가장 큰 능력입니까, 그렇지 않습니까? 여러분에게 기도는 진정으로 "세계를 움직이시는 손길을 움직이는" 것입니까?

기도하라는 하나님의 명령이 정말 여러분과 상관이 있다고 믿습니까? 기도에 관한 하나님의 약속들은 여전히 유효하다고 믿습니까? 우리 모두는 이러한 질문들을 읽어 나가면서 마지못해 "예, 예, 예"라고 대답합니다. 이 질문들 중에서 그 어느 것에 대해서도 "아니요"라는 대답은 차마 하지 못합니다. 하지만!

우리 주님이 불필요하거나 해도 되고 안 해도 되는 명령을 우리에게 주신 적이 단 한 번이라도 있었습니까? 여러분 중에서 주님이 그렇게 하신 적이 있다는 것이 생각나는 사람이 있습니까? 우리 주님은 자신이 이루실 수 없거나 이루고자 하지 않으시는 약속을 단 한 번도 하신 적이 없으셨다는 것을 진정으로 믿습니까? 명확한 행동을 위해 우리 구주께서 명하신 세 가지 위대한 명령은 이런 것이었습니다:

기도하라.
이것을 행하라.
가라.

우리는 주님께 순종하고 있습니까? 오늘날 우리의 설교자들은 "이것을 행하라"는 주님의 명령을 귀가 따갑도록 반복적으로 우리에게 들려 주기 때문에, 마치 그것만이 주님의 유일한 명령인 것 같은 생각이 들 정도입니다. 반면에, 그들은 "기도하라"와 "가라"는 주님의 명령에 대해서는 우리에게 상기시켜 주지 않습니다. 하지만 "기도하라"는 명령에 순종함이 없이는, "이것을 행하라"는 명령이나 "가라"는 명령에 순종하는 것은 거의 또는 전혀 불가능합니다.

사실, 영적인 삶과 기독교 사역이 모두 성공하지 못하고 실패만 거듭하는 이유는 기도에 결함이 있거나 기도가 부족하기 때문이라는 것은 쉽게 증명될 수 있습니다. 올바르게 기도하지 않으면, 올바르게 살 수도 없고, 올바르게 섬길 수도 없습니다. 얼핏 보면 이 말은 심한 과장처럼 들리겠지만, 성경이 조명해 주는 빛 안에서 이 말을 좀 더 숙고해 보면, 이 말이 사실이라는 것을 확신하게 될 것입니다.

이제 우리는 이 신비롭고 놀라운 주제에 대해 성경이 무엇이라고 말하고 있는지를 다시 한 번 살펴보고자 하는데, 마치 우리가 이전에는 그것들을 한 번도 들은 적이 없다는 듯이 우리 주님의 몇몇 약속들을 들어 보고자 합니다. 우리가 그렇게 했을 때의 효과는 무엇일까요?

이십 년 전에 필자는 신학교에서 공부를 하고 있었습니다. 지금은 영국에서 가장 유명한 선교사들 중 한 사람이 된 나의 신학교 친구가 어느 날 아침 일찍 펼쳐진 성경을 자신의 손에 쥔 채 내 방으로 급히 뛰어들어 왔습니다. 그는 성직자가 되기 위한 준비를 하고 있기는 했지만, 당시는 그가 그리스도께로 회심한 지 얼마 되지 않은 때였습니다.

그리스도께서 그를 부르셨을 때, 영리하고 튼튼하고 사람들로부터 인기가 많았던 그는 이미 "이런 일들과는 전혀 상관없는" 대학교에 진학해서 발군의 실력을 뽐내고 있었습니다. 그런 그가 주 예수님을 자신의 구주로 영접했고, 자신의 주님을 아주 철저하게 따르는 자가 되었습니다. 그에게 성경은 비교적 새로운 책이었기 때문에, 그는 성경 속에서 끊임없이 새로운 것들을 "발견해 내고" 있었습니다. 그가 나의 고요한 정적을 깨뜨리고 내 방에 침입했던 바로 그 기념할 만한 날에 그는 흥분해서 "자네는 이것을 믿는가? 이것이 정말 참인가?"라고 소리쳤는데, 그의 얼굴은 기쁨과 놀람이

뒤섞여서 온통 붉어져 있었습니다. 나는 약간 놀라서 그의 손에 펼쳐진 성경을 흘낏 쳐다보며 "무엇을 믿는다는 말인가?"라고 물었습니다. 그는 "이것 말일세"라고 말하며, 흥분된 어조로 마태복음 21:21-22을 읽어 내려갔습니다: "만일 너희가 믿음이 있고 의심하지 아니하면……너희가 기도할 때에 무엇이든지 믿고 구하는 것은 다 받으리라." 나는 그가 흥분한 것에 많이 놀라서, "그래, 그 말씀은 당연히 참이고, 물론 나는 그 말씀을 믿네"라고 대답했습니다.

하지만 그 순간 나의 뇌리에는 온갖 생각들이 스쳐 갔습니다!

"이것은 너무나 놀라운 약속일세. 내게는 이 약속이 무제한인 것으로 보이네. 그런데 왜 우리는 더 많은 기도를 하지 않은 것이지?" 그는 이렇게 말하고서, 내게 고민거리를 안겨 주고 내 방에서 나갔습니다. 나는 지금까지 그 성경 구절을 그런 식으로 바라본 적이 없었습니다. 주님을 열심으로 따르는 그 젊은 제자가 나가고 나의 방문이 닫힌 후에, 내 구주와 그의 사랑과 그의 능력이 내게 생생하게 다가왔습니다. 나는 이전에는 그런 경험을 단 한 번도 해 본 적이 없었습니다. 나는 "무제한의" 능력이 오직 두 가지, 곧 믿음과 기도에 달려 있다는 것을 보았고, 기도생활에 대한 비전을 갖게 되었습니다. 그 순간 내게 전율이 엄습했습니다. 나는 무릎을 꿇었습니다. 내 주님 앞에 무릎을 꿇었을 때, 그런 생각들이 내 마음속에서 용솟음쳤고, 소망과 열망이 내 영혼을 뒤덮으며 차고 넘쳤습니다! 하나님이 놀라운 방식으로 내게 말씀하고 계셨습니다. 이것은 기도로의 위대한 부르심이었습니다. 그러나 말하기도 창피하고 부끄럽지만, 나는 그 부르심에 귀 기울이지 않았습니다.

나는 어디에서 실패했습니까? 사실 나는 이전보다는 좀 더 기도했지만, 큰 변화는 일어나지 않았습니다. 왜입니까? 그것은 구주께서 성공적으로 기도하는 사람들의 내면 생활에서 아주 높은 기준을 요구하신다는 것을 내가 알지 못했기 때문이었습니까?

그것은 나의 삶이 고린도전서 13장에서 너무나 아름답게 설명된 저 "완전한 사랑"의 기준에 미치지 못했기 때문이었습니까?

결국, 그것은 기도는 "기도하라"는 명령을 행하겠다고 하는 선한 결심을 단지 실행에 옮기는 것이 아니기 때문이었습니다. 올바르게 기도하기 위해서는, 다윗처럼 "하나님이여 내 속에 정한 마음을 창조하소서"(시 51:10)라고 부르짖어야 합니다. 그리고 예전과 마찬가지로 오늘날에도 사랑의 사도가 하나님의 감동을 따라 한 다음과 같은 말씀에 귀를 기울여야 합니다: "사랑하는 자들아 만일 우리 마음이 우리를 책망할 것이 없으면 하나님 앞에서 담대함을 얻고 무엇이든지 구하는 바를 그에게서 받나니"(요일 3:21-22).

"그 말씀은 참되고, 나는 그 말씀을 믿습니다." 실제로 그것은 무한한 약속이지만, 우리는 그것을 거의 깨닫지 못하고 있고, 그리스도께 그 약속에 의거해서 구하지도 않습니다. 우리 주님은 우리의 불신앙을 "이상히" 여기십니다. 그러나 우리가 복음서들을 처음으로 읽는 것이라면, 그 복음서들은 우리에게 얼마나 놀라운 책으로 보이겠습니까! 우리는 "놀랍게 여기고 기이하게 여기지" 않겠습니까? 오늘 나는 여러분을 그 위대한 부르심으로 초대합니다. 이 책이 무엇이라고 말씀하는지에 귀 기울여 보시겠습니까? 그리고 그렇게 해서 유익을 얻으시겠습니까? 아니면, 여러분의 귀를 막아 버리고 계속해서 기도 없이 살아가시겠습니까?

나의 형제들인 그리스도인들이여, 깨어납시다! 마귀가 우리의 눈을 멀게 하고 있습니다. 그는 우리가 기도라는 문제를 정면으로 직시하는 것을 방해하려고 애를 쓰고 있습니다. 나는 특별한 요청에 의해서 이 글을 쓰고 있습니다. 그러나 그러한 요청을 받은 후에 오랜 시간이 흘렀습니다.

이 글을 쓰고자 할 때마다 그런 시도는 매번 좌절되어 왔고, 이번에도 이상하게 이 글을 쓰는 것이 마음에 내키지 않는 것을 느낍니다. 이 글을 쓰지 못하도록 나의 손을 억제하는 어떤 눈에 보이지 않는 세력이 있는 것 같습니다. 마귀가 기도만큼 두려워하는 것이 없다는 것을 아십니까? 그는 우리가 기도하지 못하도록 하는 데 지대한 관심을 갖고 있습니다. 우리가 기도하지만 않는다면, 마귀는 우리가 "우리 나름대로" 하나님의 일을 하는 것을 내버려 둡니다. 우리가 별로 기도하지만 않는다면, 마귀는 우리가 열심으로 진지하게 성경을 연구하는 것을 두려워하지 않습니다.

지혜롭게도 어떤 사람은 "사탄은 우리가 하나님의 일에 수고하고 힘쓰는 것을 비웃고 우리의 지혜를 조롱하지만, 우리가 기도할 때에는 두려워 떤다"고 말했습니다. 우리는 이 모든 것을 아주 잘 알고 있습니다. 그러나 실제로 우리는 기도합니까? 기도하지 않는다면, 실패가 우리의 모든 발걸음을 따라올 것이기 때문에, 우리가 하는 일들이 모든 면에서 성공할 것 같아 보여도 결국은 반드시 실패하고 말 것입니다.

우리가 하나님을 위하여 또는 사람들을 위하여 할 수 있는 가장 큰 일은 기도하는 것임을 결코 잊지 맙시다. 우리는 우리의 사역이 아니라 우리의 기도를 통해서 훨씬 더 많은 것들을 이룰 수 있기 때문입니다. 기도는 전능합니다. 기도는 하나님이 하실 수 있는 것은 무엇이든지 할 수 있습니다! 우리가 기도할 때, 하나님은 역사하십니다. 하나님의 일에서 맺어지는 모든 열매는 기도의 결과입니다. 사역자의 기도, 또는 그 사역자를 위해 거룩한 두 손을 모으고 있는 사람들의 기도의 결과입니다. 우리 모두는 어떻게 기도해야 하는지를 알지만, 우리 중에는 옛적의 제자들이 그랬던 것처럼 "주여 우리에게 기도하는 것을 가르쳐 주십시오"라고 부르짖을 필요가 있는 사람들이 많을 것입니다(눅 11:1).

> 오, 주님, 우리로 하여금 하나님께 나아가게 해 주시는
> 생명이요 진리요 길이신 분이시여.
> 친히 기도의 길을 걸어가셨던 주여,
> 이제 우리에게 기도하는 법을 가르쳐 주십시오.

제2장

믿기 어려운 놀라운 약속들

"우리가 영광 중에 그리스도와 함께 서서 이미 지나간 우리 인생 역정을 뒤돌아보았을 때," 우리의 지난 삶 속에서 가장 놀라고 기겁하게 될 것은 우리에게 기도가 없었다는 사실일 것입니다.

우리가 진정한 중보기도를 드리는 데 그토록 적은 시간을 사용했다는 것을 알고서는, 우리는 혼비백산하여 거의 제정신이 아니게 될 것입니다. 그때는 우리가 "이상하게 여길" 차례일 것입니다.

우리 주님은 그의 모든 기도들 중에서 가장 놀라고 경이로운 기도를 드리시기 직전에 자신의 사랑하는 자들에 대한 마지막 강론에서 자신의 왕권을 나타내는 황금 규를 손에 쥐신 채로 다음과 같이 거듭 반복적으로 말씀하셨습니다: "너희가 구하는 것이 무엇이냐? 너희가 무엇을 구하든, 나는 너희에게 그것을 줄 것이고 내 나라 전체라도 너희에게 줄 것이다!"

우리는 그 말씀을 믿습니까? 우리가 성경을 믿는다면, 당연히 그 말씀도 믿어야 합니다. 우리 주님이 무수히 반복해서 말씀하셨던 약속들 중의 하나를 아주 고요한 가운데 깊이 묵상하며 읽어 보시겠습니까? 우리가 전에 그 약속들을 단 한 번도 읽어 본 적이 없었다면, 우리는 너무나 놀라서 눈이 휘둥그레질 것입니다. 왜냐하면, 그 약속들은 거의 믿을 수 없는 것들이기 때문입니다. 만약 사람이 그런 약속들을 했다면, 우리는 당연히 그것들을 믿을 수 없을 것입니다. 그러나 그 약속들을 하신 분은 천지의 주재이신 분이고, 그는 이 땅에서의 그의 삶에서 가장 엄숙한 순간에 그런 약속들을 하셨습니다. 그 때는 그의 수난과 죽음을 앞둔 전날이었고, 그것은 고별사였습니다. 이제 귀 기울여 들어 보십시오!

> "내가 진실로 진실로 너희에게 이르노니 나를 믿는 자는 내가 하는 일을 그도 할 것이요 또한 그보다 큰 일도 하리니 이는 내가 아버지께로 감이라 너희가 내 이름으로 무엇을 구하든지 내가 행하리니 이는 아버지로 하여금 아들로 말미암아 영광을 받으시게 하려 함이라 내 이름으로 무엇이든지 내게 구하면 내가 행하리라"(요 14:12-14).

어느 말씀이 이 말씀보다 더 분명하고 알아듣기 쉽겠습니까? 어느 약속이 이 약속보다 더 크거나 대단할 수 있겠습니까? 어느 때에 어느 곳에서 어느 사람이 이와 같은 약속을 한 적이 있습니까?

그 때에 제자들은 기절초풍할 지경이 되었을 것임에 틀림없습니다! 분명히 그들은 자신들의 귀를 믿을 수 없었을 것입니다. 그러나 이 약속은 여러분과 내게도 주어진 것입니다.

그리고 제자들이나 우리가 잘못 들은 것이라고 생각하지 못하도록 하기 위해서, 우리 주님은 조금 후에 다시 이 약속을 반복하십니다. 그리고 성령께서는 사도 요한에게 그 말씀을 다시 한 번 기록하도록 명령합니다.

"너희가 내 안에 거하고 내 말이 너희 안에 거하면 무엇이든지 원하는 대로 구하라 그리하면 이루리라 너희가 열매를 많이 맺으면 내 아버지께서 영광을 받으실 것이요 너희는 내 제자가 되리라"(요 15:7-8).

이 말씀은 너무나 중대하고 중요한 것이었기 때문에, 세상의 구주께서는 이 말씀을 세 번이나 하시고도 만족하지 못하셔서, 자신의 제자들에게 "구하라"는 자신의 명령에 순종해야 한다는 것을 강력하게 촉구하십니다. 사실, 주님은 그들에게 모든 일에서 자신의 명령에 순종하는 것이 그들이 자신의 "친구들"임을 보여 주는 한 가지 증표가 될 것이라고 말씀하십니다 (14절). 그런 후에, 자신이 그들에게 바라시는 것을 다시 한 번 반복하십니다: "너희가 나를 택한 것이 아니요 내가 너희를 택하여 세웠나니 이는 너희로 가서 열매를 맺게 하고 또 너희 열매가 항상 있게 하여 내 이름으로 아버지께 무엇을 구하든지 다 받게 하려 함이라"(요 15:16).

우리는 주님이 이렇게까지 반복적으로 말씀하셨으면, 자기가 제자들에게 원하시는 것은 기도하는 것이고, 그에게는 그들의 기도가 필요하다는 것, 그리고 기도 없이는 그들이 아무것도 이룰 수 없다는 것을 충분히 알아듣게 말씀하셨기 때문에 이제 더 이상 거기에 대해서는 말씀하지 않으실 것이라고 생각하게 됩니다. 그러나 우리는 주님이 그 동일한 주제를 거의 동일한 말씀으로 또다시 말씀하시는 것을 보고는 놀라지 않을 수 없습니다.

"그 날에는 너희가 아무 것도 내게 묻지 아니하리라 내가 진실로 진실로 너희에게 이르노니 너희가 무엇이든지 아버지께 구하는 것을 내 이름으로 주시리라 지금까지는 너희가 내 이름으로 아무 것도 구하지 아니하였으나 구하라 그리하면 받으리니 너희 기쁨이 충만하리라"(요 16:23-24).

이전에는 우리 주님이 그 어느 약속이나 명령을 이렇게까지 강조하신 적이 없었습니다 — 단 한 번도! 진정으로 놀라운 이 약속은 우리에게 여섯 번이나 반복해서 주어집니다. 구주께서는 한 차례의 강론에서 여섯 번이나 우리에게 무엇이든지 구하라고 명령하십니다. 이것은 하나님이 인간에게 주신 약속들 중에서 가장 크고 놀라운 약속입니다. 하지만 대부분의 사람들, 즉 대부분의 그리스도인들은 이 약속을 사실상 무시해 버립니다! 그렇지 않습니까?

이 약속은 너무나 크고 엄청나서, 우리를 당혹스럽게 만들 정도입니다. 하지만 우리는 주님이 "우리가 구하거나 생각하는 모든 것에 더 넘치도록 능히 하실" 분이라는 것을 압니다(엡 3:20).

그래서 우리의 찬송 받으시기에 합당하신 주님은 붙잡히시고 결박되어 채찍질을 당하시기 전에, 그리고 십자가 위에서 그의 은혜로우신 입을 닫으시고 침묵하시기 전에 자신의 제자들에게 최후의 권면을 주십니다: "너희가 내 이름으로 구할 것이요……아버지께서 친히 너희를 사랑하심이라"(요 16:26-27). 우리는 흔히 주님이 십자가 위에서 하신 일곱 가지 말씀을 묵상하는 데 많은 시간을 할애해 왔습니다. 그리고 우리가 그렇게 한 것은 잘한 일입니다. 하지만 우리는 우리 구주께서 일곱 번에 걸쳐서 기도하라고 명령하신 것을 묵상하는 데 단 한 시간이라도 할애한 적이 있었습니까?

지금 주님은 저 높은 곳에 있는 자신의 위엄의 보좌에 앉으셔서, 자신의 능력의 규를 우리에게 내미십니다. 우리는 그 규를 만지며 주님에게 우리의 소원을 아뢰고자 합니까? 주님은 우리에게 자신의 보화들을 가져가라로 명령하십니다. "그의 영광의 풍성함을 따라 그의 성령으로 말미암아" 우리의 "속사람을 능력으로 강건하게" 하시기를 간절하게 원하십니다(엡 3:16). 우리가 강건하게 되는 것과 풍성한 열매를 맺는 것은 우리의 기도에 달려 있다고 말씀하시고, 우리가 기쁨을 누리게 되는 것도 기도 응답에 달려 있다는 것을 상기시켜 주십니다(요 16:24).

하지만 우리는 마귀의 꾐에 넘어가서 기도를 소홀히 합니다! 마귀는 우리가 기도를 통해서가 아니라 우리 자신의 노력을 통해서 더 많은 것을 할 수 있고, 하나님과의 교제와 소통을 통해서가 아니라 사람들과의 대화와 교류를 통해서 더 많은 것을 할 수 있다고 믿게 만듭니다. 우리 주님이 일곱 번이나 반복해서 초대하고 명령하고 약속하셨는데도, 사람들이 그 말씀에 거의 귀를 기울이지 않는 것은 정말 이해할 수 없는 일입니다! 무릎을 꿇고 많은 시간을 보냄이 없이, 어떻게 우리가 그리스도를 위해 일한다고 말할 수 있겠습니까?

아주 최근에 세례 교인으로서 주일학교 교사를 하고 있는 한 열심이 있는 그리스도인 "사역자"가 내게 편지를 써서, "나는 나의 인생 전체를 통틀어서 한 번도 기도 응답을 받아 본 적이 없습니다"라고 말했습니다. 그렇다면, 그 이유가 무엇입니까? 하나님이 거짓말쟁이이기 때문입니까? 하나님은 신뢰할 수 없는 분이어서 약속을 아무렇지도 않게 어기시는 분이기 때문입니까? 하나님은 표리부동해서 언행이 일치하지 않으시기 때문입니까? 이 글을 읽고 있는 분들 중에는 마음속으로는 그 그리스도인 사역자와 똑같이 말하고 싶은 사람들이 많을 것이 분명합니다. 페이슨(Payson)이 "우리가 하나님을 위해 많은 일을 하고자 한다면, 하나님께 많이 구하여야 하고 기도의 사람들이 되어야 한다"고 말한 것은 옳고 성경적입니다. 우리가 기도 응답을 받지 못한다면, 그 잘못은 하나님께 있지 않고 전적으로 우리 자신에게 있습니다. 왜냐하면, 하나님은 우리가 구한 것을 반드시 우리에게 주시는 것은 아니지만, 어떤 식으로든 우리의 기도에 늘 응답해 주시기 때문입니다. 하나님은 우리의 기도에 응답해 주시는 것을 기뻐하시고, 반드시 응답해 주시겠다고 우리에게 친히 약속하셨습니다.

주님의 포도원에서 함께 수고하고 일하는 동역자들이여, 주님은 우리가 구하기를 원하시고 많이 구하기를 원하신다는 것은 너무나 분명합니다. 주님은 우리에게 많이 구함으로써 하나님을 영화롭게 하라고 말씀하십니다! 하나님의 뜻에 속한 것들 중에서 기도의 대상이 될 수 없는 것은 단 하나도 없고, 우리는 하나님의 뜻에 속하지 않은 것은 그 어떤 것도 구하고자 하지 않습니다.

우리는 감히 주님의 말씀이 참되지 않다고 말하지 않습니다. 하지만 그리스도인들 중에는 실제로는 그렇게 믿고 있는 사람들이 꽤 있습니다. 무엇이 우리가 기도하는 것을 가로막고 있습니까? 무엇이 우리의 입술을 봉해 버린 것입니까? 무엇이 우리가 많은 기도를 하지 못하게 하고 있습니까? 우리는 주님의 사랑을 의심합니까? 결코 그렇지 않습니다! 주님은 우리를 위해, 그리고 우리에게 자신의 목숨을 주셨습니다. 우리는 아버지의 사랑을 의심합니까? 그렇지 않습니다. 그리스도께서는 자신의 제자들에게 기도하라고 강권하실 때, "아버지께서 친히 너희를 사랑"하신다는 것을 그 근거로 드셨습니다.

우리는 주님의 능력을 의심합니까? 단 한순간도 의심해 본 적이 없습니다. 주님은 "하늘과 땅의 모든 권세를 내게 주셨으니 그러므로 너희는 가서……볼지어다 내가 세상 끝날까지 너희와 항상 함께 있으리라"(마 28:18-20)고 말씀하지 않으셨습니까? 우리는 주님의 지혜를 의심합니까? 우리는 주님이 우리를 택하신 것을 믿지 못합니까? 단 한순간도 의심해 본 적이 없습니다. 하지만 주님을 따르는 자들 중에서 기도를 진정으로 할 만한 가치가 있는 것으로 생각하는 사람은 극소수입니다. 물론, 그들은 말로는 그렇지 않다고 부인합니다. 그러나 행동은 말보다 더 큰 소리로 진실을 알려 주는 법입니다. 하나님을 시험해 보는 것이 두렵습니까? 하나님은 우리가 그렇게 해도 좋다고 말씀하셨습니다. "너희의 온전한 십일조를 창고에 들여 나의 집에 양식이 있게 하고 그것으로 나를 시험하여 내가 하늘 문을 열고 너희에게 복을 쌓을 곳이 없도록 붓지 아니하나 보라"(말 3:10). 하나님이 우리에게 약속을 주실 때마다, 우리는 사도 바울처럼 하나님이 말씀을 지키실 것을 신뢰하고서, "나는 내게 말씀하신 그대로 되리라고 하나님을 믿노라"(행 27:25)고 담대하게 말해야 합니다.

우리가 이전에 한 번도 그렇게 해 본 적이 없다면, 오늘부터 기도의 사람이 되어 보지 않겠습니까? 좀 더 적당한 때가 오면 그렇게 하겠다고 미루지 마십시오. 하나님은 우리가 기도하기를 원하십니다. 사랑하는 구주께서도 우리가 기도하기를 원하십니다. 주님에게는 우리의 기도가 필요합니다. 아주 많은 것, 아니 사실은 모든 것이 기도에 달려 있습니다. 그런데 어떻게 감히 우리가 기도하는 것을 미루겠습니까? 우리 각 사람은 무릎을 꿇고 하나님께 이렇게 물어보아야 합니다: "만일 내가 이 세상에서 그 누구보다도 더 자주 또는 더 간절하게 죄인들의 구원을 위해 기도한다면, 얼마나 많은 사람들이 나의 기도로 말미암아 하나님께 회심하게 될까요?"

우리는 매일 기도에 십 분을 사용합니까? 기도하는 데는 십 분으로 충분하다고 생각합니까?

매일 무릎을 꿇고 십 분을 기도해서, 어느 세월에 천국이 이루어질 수 있겠습니까?

십 분은 하나님을 붙잡는 데(사 64:7) 턱없이 모자라는 시간인 것으로 보입니다.

우리가 책 읽듯이 기도하거나, 우리의 생각은 여기저기를 헤매고 있는 동안에 사실상 의미 없는 몇몇 정해진 문구들을 날마다 반복해서 주문 외듯이 읊조린다면, 그것이 기도이겠습니까?

하나님이 우리가 오늘 아침 무릎 꿇고 반복적으로 드린 기도에 응답하신다면, 우리는 그 응답을 알아볼 수 있겠습니까? 우리는 그것이 우리의 기도에 대한 응답이라는 것을 알아차릴 수 있겠습니까? 심지어 우리가 무엇을 구했는지조차도 기억하지 못하고 있는 것은 아닙니까? 하나님은 응답하십니다. 반드시 응답하겠다고 우리에게 친히 약속하셨습니다. 하나님은 믿음으로 드린 모든 진정한 기도에 언제나 응답하십니다.

그러나 성경이 이 점에 대해 무엇이라고 말씀하고 있는지는 우리가 나중에 살펴볼 것입니다. 지금 여기에서 우리는 우리가 기도에 사용하는 시간이 얼마나 되는지에 대해 생각해 보고 있습니다.

어느 여자 그리스도인에게 "얼마나 자주 기도하십니까"라는 질문을 해 보았습니다. 그러자 그녀는 "하루에 세 번 기도하지만, 그 외에도 하루 종일 기도합니다"라고 재빨리 대답했습니다. 그러나 그렇게 하는 사람들이 과연 얼마나 되겠습니까? 내게 기도는 단지 의무입니까, 아니면 특권이고 즐거움이며 진정한 기쁨이고 반드시 해야 하는 것입니까?

모든 영광 중에 계신 그리스도에 대한 새로운 비전을 가지시고, 주님이 우리를 위해 준비해 두신 "그의 영광의 모든 풍성함" 및 그에게 주어진 모든 권능과 능력에 대한 새로운 시각을 가지십시오. 그런 후에, 이 세상과 그 모든 필요들에 대한 새로운 비전을 가지십시오. (세상이 오늘날처럼 이렇게 곤경에 처해 있는 적이 지금까지 없었습니다.)

참으로 이상하고 의아한 것은 우리가 별로 기도하지 않는다는 것이 아니라, 우리가 우리 자신이 처한 곤경, 우리 가정과 우리의 사랑하는 사람들이 처한 곤경, 우리의 목회자와 교회가 처한 곤경, 우리의 지역사회와 우리 나라와 이교 세계와 회교 세계가 처한 곤경을 알면서도 무릎을 꿇고 기도하지 않는다는 것입니다! 이 모든 곤경들은 그리스도 예수 안에 있는 하나님의 부요하심에 의해서만 해결될 수 있습니다. 사도 바울은 이것에 대해 전혀 의심하지 않았고, 우리도 의심하지 않습니다. 그렇습니다! "나의 하나님이 그리스도 예수 안에서 영광 가운데 그 풍성한 대로 너희 모든 쓸 것을 채우시리라"(빌 4:19). 그러나 그리스도의 부요하심에 참여하기 위해서는 우리가 기도해야 합니다. 왜냐하면, 그 동일하신 주님은 "그를 부르는 모든 사람에게 부요하시기" 때문입니다(롬 10:12).

기도의 중요성이 이토록 크기 때문에, 하나님은 우리가 제시할 수 있는 온갖 변명들이나 반대들을 미리 예상하시고, 그런 것들이 기도하지 않는 것에 대한 핑계가 될 수 없다는 것을 일일이 보여 주셨습니다.

사람들은 자신들의 연약함을 변명거리로 내세우거나, 자신들은 어떻게 기도해야 하는지를 알지 못하기 때문에 기도할 수 없다고 딱 잘라 말합니다. 하나님은 인간의 그러한 무능력을 이미 아주 오래 전에 아셨습니다. 그래서 사도 바울로 하여금 하나님의 감동을 따라 이렇게 말하게 하셨습니다: "이와 같이 성령도 우리의 연약함을 도우시나니 우리는 마땅히 기도할 바를 알지 못하나 오직 성령이 말할 수 없는 탄식으로 우리를 위하여 친히 간구하시느니라 마음을 살피시는 이가 성령의 생각을 아시나니 이는 성령이 하나님의 뜻대로 성도를 위하여 간구하심이니라"(롬 8:26-27).

그렇습니다. 하나님은 우리가 기도할 수 있도록 모든 준비를 다 갖추어 놓으셨습니다. 그러나 오직 성령만이 우리로 하여금 "분발하여 하나님을 붙잡게" 하실 수 있습니다(사 64:7). 그리고 우리 자신을 성령의 역사에 굴복시키고자 하기만 하면, 우리는 "오로지 기도하는 일"에 힘쓰고 "기도하는 일을 꾸준히 계속하였던"(RV) 옛적의 사도들의 모범을 따를 수 있게 될 것임은 너무나 확실합니다(행 6:4).

우리가 온전히 확신할 수 있는 것은 이 세상에서 어떤 사람의 영향력을 측정할 때 그 기준이 되는 것은 달변이나 열심이나 정통적인 신앙이나 힘이 아니라 기도라는 것입니다. 그렇습니다. 그리고 우리는 한 걸음 더 나아가서, 올바르게 기도하지 않는 사람은 그 누구도 올바르게 살아갈 수 없다고 말할 수 있습니다.

우리는 새벽부터 밤까지 그리스도를 위해 일할 수 있고, 성경 연구에 많은 시간을 드릴 수 있으며, 말씀을 전하는 일이나 우리 자신에게 주어진 여러 가지 일들에서 아주 큰 열심과 신실함으로 "만족스럽게" 일할 수 있지만, 우리가 많이 기도하지 않는다면, 그 모든 일들은 어느 것도 참된 열매를 거둘 수 없습니다. 우리는 오직 선한 일들만을 분주하게 눈코 뜰 새 없이 행하게 될 뿐이고, "모든 선한 일에 열매를 맺지"는 못할 것입니다(골 1:10). 기도 안에서 하나님과 함께 하는 것이 적을수록, 하나님을 섬겨 일하는 것도 적게 됩니다. 은밀한 기도를 많이 할수록, 사람들 앞에서 많은 능력을 행할 수 있게 됩니다. 하지만 사람들과 일들을 조직하는 것은 완벽에 가깝게 하면서도, 정작 기도를 통해 고군분투하는 것은 거의 없다시피한 것이 우리의 현실이 아닙니까?

사람들은 왜 영적 부흥이 지체되는지 그 이유를 알지 못해 궁금해하고 의아해합니다. 영적 부흥이 지체되는 이유는 오직 한 가지, 기도 부족입니다. 모든 영적 부흥은 기도의 결과물이었습니다. 어떤 사람들은 종종 천사장의 음성을 듣고 싶어 하지만, 그리스도의 음성이 우리를 분발하게 하여 기도하게 하지 않는다면, 그것이 무슨 소용이 있겠습니까? 구주께서 이미 "무제한의" 약속들을 제시하셨는데, 누가 나서서 이러쿵저러쿵 말한다는 것이 주제넘고 건방진 일처럼 보일 수 있습니다. 하지만 우리는 그것을 환기시키기 위해 우리가 무엇인가를 해야 한다고 느낍니다. 그리고 우리가 그렇게 할 때, 성령께서 사람들에게 역사하셔서 그리스도의 말씀들과 능력을 일깨워 주실 것을 믿습니다. 나의 말들에는 기도의 가치, 기도의 필요성, 기도의 전능성을 사람들에게 일깨워 줄 수 있는 힘이 없습니다.

그러나 내가 깊이 기도하는 가운데 이런 말을 하면, 성령 하나님은 남녀 그리스도인들에게 기도하지 않은 죄를 깨우쳐 주시고 그들을 하나님 앞으로 불러 내어 무릎 꿇게 하셔서 뜨거운 열심으로 힘 있는 믿음의 간구를 하게 하실 것입니다! 지금 하늘에 계신 주 예수님은 우리에게 그 앞에 무릎을 꿇고 기도함으로써 그의 영광의 부요하심에 참여하라고 손짓하고 계십니다.

아무도 다른 사람에게 기도에 얼마나 많은 시간을 드려야 하는지를 정해 줄 수 없기 때문에, 우리는 사람들이 하루에 몇 분 또는 몇 시간 기도할 것을 맹세해야 한다고 말하는 것이 아닙니다. 물론, 성경은 "쉬지 말고 기도하라"고 명령합니다. 이것은 분명히 "기도의 태도," 즉 사람이 늘 기도하는 태도로 살아가야 한다는 것을 의미하는 것임에 틀림없습니다.

여기에서 우리가 말하고 있는 것은 실제로 기도하는 것에 대한 것입니다. 당신은 시간을 정해 놓고 기도한 적이 있습니까? 이 글을 읽고 있는 독자들 중 대다수는 시간을 정해 놓고 기도했냐는 질문에 깜짝 놀라고 당혹해할 것입니다.

몇 년 전에 필자도 그런 질문에 맞닥뜨렸고, 적어도 내 경우에는 최소한 하루에 한 시간은 기도해야 한다고 생각했습니다. 내 자신의 기도생활을 매일 꼼꼼하게 기록했습니다. 세월이 흘러서, 나는 하나님께 귀하게 쓰임받고 있던 사역자 한 분을 만났습니다.

내가 그분에게 하나님에 의해 이렇게 귀하게 쓰임받게 된 주된 비결이 무엇이라고 생각하느냐고 물었더니, 그분은 "내가 하루에 두 시간씩 기도하지 않았다면 이렇게 쓰임받을 수는 없었을 것입니다"라고 조용한 목소리로 내게 대답해 주었습니다.

그 후에 나는 해외에서 사역하고 계시는 성령 충만한 선교사 한 분을 만나게 되었는데, 그분은 하나님이 자신의 선교 사역을 통해서 행하시고 계시는 놀라운 일들을 매우 겸손하게 얘기해 주었습니다. (그분이 말하는 동안에 내내 하나님께 모든 찬송과 영광을 돌리고 있는 것을 누구나 알 수 있었습니다.) 그 선교사는 "나는 자주 하루에 네 시간을 기도에 드리는 것이 꼭 필요하다는 것을 발견합니다"라고 말했습니다.

그리고 우리는 모든 선교사들 중에서 가장 위대하신 선교사이신 주님이 종종 온 밤을 지새우시며 밤새도록 기도하신 것을 기억합니다. 왜 그렇게 하셨습니까? 찬송받으시기에 합당하신 우리 주님은 단지 우리에게 모범을 보여 주시기 위해 그렇게 기도하신 적이 아니었습니다. 주님은 결코 단지 모범을 보여 주실 목적만으로 어떤 일을 하신 분이 아닙니다. 주님이 기도하셨던 것은 기도할 필요가 있었기 때문이었습니다. 온전한 사람이신 주님에게도 기도는 필수였습니다. 그렇다면 하물며 여러분과 내게 기도가 필수라는 것은 두말할 필요도 없지 않겠습니까?

의료 선교사로 자신의 평생을 기독교 사역에 바쳐 온 어떤 분이 "하루에 기도를 네 시간이나!"라고 소리쳤습니다. "네 시간이요? 내게 십 분을 주고 기도하라고 하면 그렇게 하겠지만!" 그것은 비록 서글픈 것이기는 했지만 솔직하고 용감한 고백이었습니다. 우리도 그렇게 솔직하게 말한다면, 과연 우리는 무슨 말을 하게 될까요?

내 인생에서 그분들을 만나게 된 것은 우연이 아니었습니다. 하나님은 그분들을 통해서 내게 말씀하신 것이었습니다. 그것은 "위로의 하나님"이 기도하신 "인내의 하나님"으로부터 온 또 한 번의 "기도로의 부르심"이었습니다(롬 15:5). 그들의 잔잔한 메시지가 내 심령 속으로 파고들어온 후에, 사람들이 하는 말로 "우연히" 내 손에 한 권의 책이 들려졌습니다. 그 책은 "기도하는 하이드"(Praying Hyde)라 불리게 된 책으로서 존 하이드(John Hyde)에 관한 짧고 간단한 이야기를 적은 책이었습니다. 하나님은 주님이 이 땅에서 처음으로 오실 때에 "세례자 요한"(John the Baptist)을 보내셔서 주님의 길을 예비하셨던 것처럼, 이 말일에 다시 오실 주님의 길을 곧게 하시기 위해 "기도자 요한"(John the Prayer)을 보내셨습니다. "기도하는 하이드" — 이 얼마나 멋진 이름입니까! 나는 이 놀랍고 기이한 기도자의 삶에 대해 읽고서는 "내가 기도한 적이 있었는가"라고 자문하기 시작했습니다.

그리고 나는 다른 사람들도 나와 똑같은 질문을 스스로에게 하고 있다는 것을 알았습니다. 놀라운 중보기도 사역으로 유명했던 한 부인은 내게 쓴 편지에서 "나는 이 책을 다 읽고 손에서 내려놓을 때, 내가 지금까지 살아오는 동안에 진정으로 기도한 적이 한 번이라도 있었는가를 생각하기 시작했습니다"라고 적었습니다.

그러나 이 문제에 대해서는 이쯤에서 마쳐야 할 것 같습니다. 우리는 하나님 앞에 무릎을 꿇고 그의 성령으로 하여금 우리를 철저하게 살피시도록 허용하고자 합니까? 우리는 진실합니까? 우리는 진심으로 하나님의 뜻을 행하고자 합니까? 우리는 하나님의 약속들을 진심으로 믿습니까? 그렇다면, 자연스럽게 우리가 하나님 앞에 무릎을 꿇는 시간이 더 많아지지 않겠습니까? 하루에 "얼마의 시간을" 기도하겠다고 맹세하지 마십시오. 기도를 많이 하겠다고 결심하십시오. 그러나 기도가 가치 있는 것이 되려면 강제적인 것이 아니라 자발적인 것이 되어야 합니다.

그러나 우리가 주 예수 그리스도께 온 마음으로 절대적으로 순복하지 않는다면, 기도하기 싫어하는 마음을 이기고 더 많은 시간을 기도에 드리겠다는 결심은 오래갈 수 없다는 것을 명심하여야 합니다. 우리가 그런 단계에 올라서지 않았다면, 지금이라도 그렇게 되어야만, 우리는 기도의 사람이 될 수 있습니다.

하나님이 내게 기도하기를 원하시고 여러분이 기도하기를 원하신다는 것은 너무나 분명한 사실입니다. 문제는 우리가 기꺼이 기도하고자 하는가 하는 것입니다.

은혜가 풍성하신 구주여, 우리에게 성령의 충만을 부어 주셔서, 우리로 하여금 진정으로 무릎으로 살아가는 그리스도인들이 되게 해 주십시오.

당신에게 필요한 것이 있을 때마다
그 즉시 기도로 하나님께 아뢰십시오.
늘 기도하십시오. 기도하고 낙심하지 마십시오.
기도하십시오! 쉬지 말고 기도하십시오.

제3장

"내게 구하라 내가 주리라"

하나님은 내게 기도하기를 원하시고 많이 기도하기를 원하십니다. 영적인 일에서 모든 성공은 기도에 달려 있기 때문입니다.

기도를 거의 하지 않는 설교자도 자신의 수고의 열매를 조금 거둘 수 있습니다. 그러나 그가 그렇게 적은 열매라도 거둘 수 있는 것은 어딘가에서 누군가가 그를 위해 기도하고 있기 때문입니다. 따라서 그 "열매"는 설교자의 것이 아니라 기도자의 것입니다. 장차 주님이 "각 사람에게 그 행위를 따라 갚아 주시게" 될 때, 우리 설교자들 중 일부는 기겁을 하게 될 것입니다. "주여! 그들은 나로 말미암아 회심한 자들입니다! 그 곳에서 말씀을 전해서 수많은 사람들을 회심시켜 주님의 양 우리 속으로 들여 보낸 이는 다름 아닌 나였습니다." 물론, 거기에서 말씀을 전하며 사람들에게 복음을 권하고 설득한 것은 분명히 당신이었습니다. 그러나 당신은 그들을 위해 기도한 적이 없고, 그들의 회심을 위해 기도한 사람은 "다른 사람"이었지 않습니까?

회심한 모든 사람은 성령께서 어떤 믿는 자의 기도에 응답하신 결과입니다.

오, 하나님, 장차 그런 사실을 확인하고 기겁을 하게 될 자가 우리가 아니게 해 주십시오. 오, 주님, 우리에게 기도하는 것을 가르쳐 주십시오!

우리는 하나님이 자신의 자녀들이 기도하기를 간절히 원하신다는 것을 알았습니다. 당신은 그 부르심을 어떻게 대하고 있습니까? 당신은 사도 바울처럼 "나는 하늘에서 보이신 것을 불순종하지 않습니다"(행 26:19, 개역개정에는 "하늘에서 보이신 것을 내가 거스르지 아니하고")라고 말할 수 있습니까? 다시 한번 반복해서 말하지만, 천국에도 후회하는 것이 있다면, 우리가 천국에 가서 가장 후회할 일은 이 땅에 사는 동안에 진정한 중보기도를 하는 데 너무나 적은 시간을 드린 것이 될 것입니다.

기도의 범위가 얼마나 폭넓은지를 생각해 보십시오! "내게 구하라 내가 이방 나라를 네 유업으로 주리니 네 소유가 땅 끝까지 이르리로다"(시 2:8). 하지만 많은 사람들이 그들 자신의 삶의 작고 세세한 부분들을 기도 안에서 하나님 앞으로 가지고 나갈 생각을 하지 않고, 그리스도인들 중에서 열에 아홉은 하나님을 믿지 않는 이방인들을 위해 기도할 생각조차 하지 않습니다!

기도할 생각을 아예 하지 않는 그리스도인들의 모습에 나는 아연실색할 따름입니다. 그들이 기도할 생각을 하지 않는 것은 아마도 기도 응답을 한 번도 경험해 보거나 듣지 못해서 기도 응답에 대한 확신이 없기 때문일 것입니다.

이 장에서 우리는 "불가능한 것"을 해 보려고 합니다. 그것이 무엇이냐구요? 우리는 이 글을 읽는 모든 독자의 마음과 양심에 기도의 능력에 대한 확신을 심어 주기를 원합니다. 우리는 감히 그것을 "불가능한" 일이라고 표현합니다. 왜냐하면, 사람들이 주님의 약속들과 명령들을 믿으려고 하지 않고, 그런 것들에 의거해서 행하려고 하지 않는 경우에는, 우리가 어떤 인간적인 권면들을 통해서 그들을 설득할 수 있다는 기대를 가지는 것은 불가능하기 때문입니다.

그러나 여러분은 주님이 자신의 제자들에게 말씀하시면서, "내가 아버지 안에 거하고 아버지께서 내 안에 계심을 믿으라"고 하신 것을 기억하십니까? 주님은 그 말씀을 하신 후에 다음과 같은 말씀을 덧붙이셨습니다: "너희가 내가 한 이 말 자체만을 가지고는 믿을 수 없다면, 내가 하는 일들을 보고서 나를 믿으라"(요 14:11, 개역개정에는 "그렇지 못하겠거든 행하는 그 일로 말미암아 나를 믿으라"). 이것은 이렇게 말씀하신 것과 같은 것이었습니다: "나의 인격, 나의 거룩한 삶, 나의 경이로운 말들이 너희 안에 나에 대한 믿음을 이끌어 내게 하지 않는다면, 내가 하는 일들을 보라. 분명히 그 일들은 너희에게서 믿음을 이끌어 내기에 충분하지 않느냐? 내가 하는 것으로 인하여 나를 믿으라."

그런 다음에 주님은 계속해서, 그들이 믿기만 한다면 그가 행한 일들보다 "더 큰 일들"을 하게 될 것이라고 약속하셨습니다. 주님이 기도와 관련된 저 여섯 가지의 놀라운 약속들 중 첫 번째 약속을 주신 것은 바로 이 말씀을 하신 후였습니다. 우리가 이것으로부터 분명하게 추론할 수 있는 것은 저 "더 큰 일들"은 오직 기도를 통해서만 행할 수 있다는 것입니다.

그러므로 주님의 제자라면 주님의 방법을 따라야 하지 않겠습니까? 나의 동역자여, 당신이 기도에 관한 주님의 놀라운 약속들을 믿을 수 없다면, 기도를 통해 이루어지고 있는 "일들"을 보고서 기도에 관한 주님의 약속들을 믿어야 하지 않겠습니까? 오늘날 기도하는 사람들로 인해서 이루어지고 있는 저 "더 큰 일들," 아니 기도를 통한 그들의 동역을 통해 주 예수님이 행하고 계시는 저 일들을 보고서 기도에 대해 주님이 주신 약속들을 믿으십시오.

우리는 무엇을 이루려고 "애를 쓰고" 있습니까? 인생에서 우리의 진정한 목표는 무엇입니까? 분명히 우리가 다른 무엇보다도 가장 원하는 것은 주님을 섬기는 일에서 풍성한 열매를 맺는 것입니다. 우리는 출세하거나 이름을 떨치거나 권력을 쥐는 것을 추구하지 않고, 열매 맺는 종들이 되기를 갈망합니다. 그렇다면, 기도를 많이 해야 합니다. 하나님은 우리의 설교보다 우리의 기도를 통해서 더 많은 일을 하실 수 있습니다. 고든(A. J. Gordon)은 전에 이렇게 말했습니다; "우리는 기도한 후에는 기도한 것보다 더 많은 일을 할 수 있지만, 기도하기 전에는 결코 기도한 것 이상의 것을 할 수 없다." 우리가 이 말을 꼭 믿었으면 좋겠습니다!

인도에서 활동하던 한 부인이 자신의 삶과 사역에서 실패하고서 낙심하고 있었습니다. 그녀는 헌신적인 선교사였지만, 그녀의 사역으로부터 회심이 일어나지 않았습니다.

성령께서는 그녀에게 "더 기도하라"고 말씀하시는 것으로 보였습니다. 그러나 그녀는 한동안 성령으로부터의 그러한 감동을 무시해 버렸습니다. 그녀는 이렇게 말했습니다: "마침내 나는 나의 많은 시간을 기도에 할애했습니다. 나는 나의 동역자들이 내가 내게 맡겨진 일을 게을리한다고 불평할 것이 걱정되어서 두렵고 떨리는 마음으로 기도에 전념했습니다. 몇 주가 지나자, 나는 사람들이 그리스도를 자신들의 구주로 영접하는 것을 보기 시작했습니다. 또한, 그 지역 전체가 이내 영적으로 깨어나서, 다른 모든 선교사들의 사역도 이전에는 경험해 보지 못한 복을 받았습니다. 하나님은 내가 육 년 동안의 사역을 통해서 역사하신 것보다 더 많은 일을 불과 여섯 달 동안에 이루어 내셨습니다." 그런 후에, 그녀는 이런 말을 덧붙였습니다: "아무도 내가 내게 맡겨진 일을 게을리했다고 비난하지 않았습니다."

인도에서 사역하던 또다른 여자 선교사도 마찬가지로 하나님이 자기를 기도로 부르시는 것을 느꼈습니다. 그녀는 기도에 많은 시간을 드리기 시작했습니다. 밖으로부터는 그 어떤 반대도 오지 않았지만, 반대는 안에서 왔습니다. 그러나 그녀는 기도를 계속해 나갔고, 2년 후에 회심하여 세례를 받은 사람은 여섯 배로 늘어났습니다!

하나님은 "은혜와 간구의 영을 부어" 주시겠다고(슥 12:10, 개역개정에는 "은총과 간구하는 심령을 부어 주리니") 약속하셨습니다. "간구의 영"이 우리에게 어느 정도나 있습니까? 우리는 그 어떤 희생을 치르더라도 그 "영"을 받아야 하지 않겠습니까? 하지만 우리가 "간구"에 시간을 드리고자 하지 않는다면, 하나님은 어쩔 수 없이 자신의 영을 부어 주실 수 없고, 우리는 "성령을 대적하는" 자들이 되고 성령을 "소멸시키는" 자들이 될 수밖에 없습니다. 주님은 구하는 자에게 성령을 주시겠다고 약속하지 않으셨습니까(눅 11:13)?

이교 세계에 속하였다고 회심한 사람들이 우리를 부끄럽게 하고 있지 않습니까?

몇 년 전에 나는 인도에 머무는 동안에 판디타 라마바이(Pandita Ramabai)의 사역을 지켜보는 큰 기쁨을 누리게 되었습니다. 그녀는 1,500명의 소녀가 재학 중인 학교를 운영하고 있었습니다. 어느 날 그 소녀들 중 몇몇이 성경을 가지고 와서, 어느 여자 선교사에게 누가복음 12:49이 무슨 의미냐고 물었습니다: "내가 불을 땅에 던지러 왔노니 이 불이 이미 붙었으면 내가 무엇을 원하리요." 그 선교사는 그 말씀이 무슨 의미인지를 자신도 확실하게 알지 못하였기 때문에, 애매한 대답으로 얼버무린 후에 그 소녀들을 보내고자 했습니다. 그러나 그 소녀들은 그런 대답에 만족하지 못했기 때문에, 이 "불"을 구하는 기도를 하기로 결심했습니다. 그들이 기도했을 때, 그리고 그들이 기도했기 때문에, 그 하늘의 "불"이 그들의 심령 속으로 들어왔습니다. 위로부터의 오순절의 역사가 그들에게 허락된 것이었습니다. 그 소녀들이 계속해서 기도하게 되었다는 것은 두말할 필요도 없습니다!

하나님이 "간구의 영"을 부어 주셨던 바로 그 한 무리의 소녀들이 내가 몇 주 동안 머물고 있던 선교용 관사를 찾아와서, "우리가 여기에 머물면서 당신의 사역과 이 도시를 위해 기도해도 괜찮겠습니까?"라고 물었습니다. 그 선교사는 그 소녀들이 학교 밖을 "이리저리 나다니지" 말고 학교에 있어야 한다고 생각했기 때문에, 그러한 요청을 그리 탐탁하게 여기지 않았습니다. 그러나 그 소녀들은 자신들이 기도할 수 있는 넓은 홀이나 곳간만 있으면 된다고 말했고, 우리 모두는 누가 우리를 위해 기도해 주는 것을 소중히 여기기 때문에, 그들의 요청은 받아들여졌습니다. 이 선교사는 혼자 생각을 하며 앉아서 저녁 식사를 하고 있었습니다. 저녁 식사가 거의 끝나갈 무렵에, 한 원주민 목회자가 찾아왔습니다. 그는 완전히 무너져 있었습니다. 그는 흘러내리는 눈물을 주체하지 못하는 가운데, 하나님의 성령이 그의 죄를 깨닫게 해 주셨기 때문에, 자기가 이렇게 와서 자신의 잘못을 공개적으로 고백하지 않을 수 없었다고 설명했습니다. 그를 필두로 해서 그 지역의 모든 그리스도인들이 차례로 자신들의 죄를 깊이 깨닫는 역사가 이어졌습니다.

놀라운 축복의 시간이었습니다. 한 번 믿었다가 타락한 사람들은 다시 돌아와 신앙을 회복하였고, 믿는 사람들은 거룩하게 되었으며, 이교도들은 양의 우리 안으로 들어왔습니다. 이 모든 것은 불과 몇 명에 지나지 않는 소녀들이 기도한 결과였습니다.

하나님은 사람의 겉모습을 보지 않는 분이십니다. 누구든지 하나님이 제시하신 조건들에 기꺼이 마음을 합하기만 하면, 하나님은 반드시 자신이 한 약속들을 그 사람에게 이루어 주십니다. 하나님의 놀랍고 기이한 능력에 대해 들을 때, 우리의 마음은 우리 안에서 뜨거워지지 않습니까? 그리고 우리가 구하기만 하면, 그 능력은 우리의 것이 됩니다. 물론, "조건들"이 있다는 것을 나도 압니다. 그러나 여러분과 나는 그리스도로 말미암아 그 모든 조건들을 다 충족시킬 수 있습니다. 우리 중에서 인도를 비롯한 해외의 선교지에서 하나님을 섬기는 특권을 가질 수 없는 사람들이라도 앞에서 말한 것과 같은 그런 복이 하늘로부터 임하게 하는 데 얼마든지 일조할 수 있고 참여할 수 있습니다. 웨일스(Wales)에서 일어난 영적 부흥이 최고조에 달했을 때, 인도에서 사역하고 있던 한 웨일스 선교사는 자신의 고국에 있는 성도들에게 편지를 써서, 인도에도 똑같은 영적 부흥이 일어날 수 있게 기도해 달라고 부탁했습니다. 그래서 그리스도인 광부들은 매일 갱도에 들어가기 전에 그 입구에서 함께 만나서 30분 동안 그 선교사를 위해 합심해서 기도했습니다. 몇 주가 지나자, 그 선교사로부터 온 반가운 소식이 그 광부들에게 전해졌습니다: "이 곳에도 복이 임하였습니다."

우리의 기도를 통해서 우리 자신이 계획한 작은 일에 필요한 몇 방울의 복을 얻을 수 있는 것과 마찬가지로, 우리의 기도로 저 멀리 있는 인도나 아프리카나 중국에도 복의 단비가 내리게 할 수 있다는 것은 너무나 놀랍고 멋진 일이 아니겠습니까?

우리 중 다수는 하나님이 전적으로 기도에 대한 응답으로 몇 년 전에 한국을 위해 행하신 놀라운 일들을 기억할 것입니다. 몇 분의 선교사들이 매일 정오에 함께 모여서 기도하기로 결정하였습니다. 그 달의 마지막 날에 한 형제가 "지금까지 아무 일도 일어나지 않았기 때문에" 이 기도 모임을 중단하는 것이 좋겠다고 제안했습니다. 그는 "각자가 집에서 편리한 시간에 기도합시다"라고 말했습니다. 하지만 다른 사람들은 그 형제의 제안에 반대해서, 도리어 매일 만나서 더 많은 시간을 기도에 드리는 것이 마땅하다고 말했습니다. 이렇게 해서 그들은 넉 달 동안 매일 기도 모임을 이어갔습니다. 그 때에 갑자기 복이 부어지기 시작했습니다. 여기저기에서 교회가 예배를 드리는 시간에 사람들이 눈물을 흘리며 자신의 죄를 고백하고 통회자복하는 일이 벌어졌습니다. 마침내 강력한 영적 부흥이 일어났습니다. 한 교회에서는 주일 저녁 예배를 드리는 동안에 그 교회의 장로가 일어나서, 자기가 과부의 유산을 처리하는 과정에서 백 달러를 도둑질했다고 고백했습니다. 그 즉시 온 회중에게 회개의 역사가 일어났고, 각 사람이 자신의 죄를 깨닫고 통곡하며 통회자복하였습니다. 그 예배는 월요일 새벽 2시가 되어서야 끝났습니다. 이전에는 경험해 보지 못했던 하나님의 놀랍고 강력한 능력이 사람들에게 임했습니다. 교회가 정결하게 되었을 때, 많은 죄인들이 구원을 받았습니다.

많은 사람들이 호기심에서 교회들로 몰려들었습니다. 그들 중 일부는 조롱하려고 왔지만, 두려움이 그들을 사로잡았고, 그들은 기도하는 사람들에게 합류하였습니다. "호기심에서 와 본 사람들" 중에는 강도단의 두목도 있었는데, 그도 자신의 죄를 깨닫고 회심하였고, 즉시 관청으로 가서 자수했습니다. 깜짝 놀란 관리는 "너는 네 자신을 고발하지만, 너를 고소하거나 고발한 자가 아무도 없기 때문에, 우리나라에는 너 같은 경우를 처벌할 법이 없다"고 말하고, 그를 풀어 주었습니다.

한 선교사는 이렇게 말했습니다: "우리가 기도하는 일에 여러 달을 사용한 것은 남는 장사였다. 왜냐하면, 하나님은 교회들에 성령을 부어 주셔서, 모든 선교사들이 반 년 동안에 할 수 있었던 것을 다 합한 것보다 더 많은 일을 반나절 만에 해 내실 수 있었기 때문이다." 두 달도 채 되지 않는 기간에 2,000명이 넘는 불신자들이 회심하였습니다. 이때에 회심한 사람들의 불타는 열심은 신자들의 모범으로 회자되었습니다. 그들 중에 어떤 사람들은 자신의 전 재산을 다 바쳐서 교회를 세웠고, 더 드릴 수 없는 자신들의 처지를 생각하고 울었습니다. 두말할 필요도 없이, 그들은 기도의 능력을 체험한 사람들이었습니다. 이 때에 회심한 사람들은 "간구의 영"으로 세례를 받은 사람들이었습니다. 한 교회에서는 매일 새벽 4시 30분에 기도 집회를 갖기로 공고했습니다. 첫 날에 정해진 시간이 되기 훨씬 전에 이미 400명의 사람들이 교회에 와서 기도하고 있었습니다. 그들은 기도하기를 간절히 원했던 것입니다! 날이 갈수록, 새벽 기도 집회에 참석하는 사람들의 수는 급속히 늘어서 얼마 안 가 600명에 달했습니다. 지금 서울에서만 평균적으로 1,100명의 사람들이 매주 새벽 기도 집회에 참석하고 있습니다.

불신자들이 무슨 일이 벌어지고 있는지를 알아보기 위해 교회들을 찾았다가, "살아 계신 하나님이 여기에 계시는구나"라고 깜짝 놀라 소리쳤습니다. 이 불신자들은 많은 그리스도인들이 보지 못한 것을 보았습니다. 그리스도께서는 "두세 사람이 내 이름으로 모인 곳에는 나도 그들 중에 있느니라"(마 18:20)고 말씀하지 않으셨습니까? 한국에서 가능했던 것은 여기에서도 가능합니다. 하나님은 외모를 보지 않으시는 분이시기 때문에, 민족이나 나라를 보지도 않으십니다. 하나님은 우리에게 복 주시기를 간절히 원하고 계시고, 자신의 성령을 우리에게 부어 주시기를 간절히 원하고 계십니다.

소위 기독교 국가라 불리는 나라에 살고 있는 우리가 주님 자신이 은혜 가운데서 주신 기도에 관한 약속들을 진정으로 믿는다면, 기도 집회를 피한다는 것이 말이 되겠습니까? 우리가 이 나라와 이교 국가들에 있는 수많은 잃어버린 영혼들을 진심으로 염려하고 걱정한다면, 기도를 하지 않는다는 것이 말이 되는 얘기겠습니까? 그 약속들을 믿고 그 영혼들에게 관심이 있다면, 우리가 더 많이 기도해야 한다는 것은 당연한 일입니다. 사랑 자체이신 전능하신 하나님은 "내게 구하라 내가 주리라"고 말씀하시지만, 우리는 그 말씀에 거의 귀를 기울이지 않습니다.

이교 세계에 속해 있다고 회심한 사람들이 우리를 부끄럽게 만들고 있다는 것은 사실입니다. 나는 여행을 하다가 인도의 북서 지역에 있는 라발 핀디(Rawal Pindi)라는 곳에 들르게 되었습니다. 여러분은 거기에서 무슨 일이 일어났을 것이라고 생각하십니까? 앞에서 말했던 판디타 라마바이(Pandita Ramabai)에 다니던 소녀들 중 몇몇이 그 곳에 와서 천막을 치고 야영을 하고 있었습니다. 이 일이 있기 얼마 전에 판디타 라마바이가 자신의 학교에 재학 중인 소녀들에게 이렇게 말했다고 합니다: "인도에 복이 주어진다면, 우리가 그 복을 가질 수 있습니다. 우리가 그 복을 가지기 위해서 무엇을 해야 하는지를 말해 달라고 하나님께 구하십시오."

그녀는 성경을 읽다가, "아버지께서 약속하신 것을 기다리라……오직 성령이 너희에게 임하시면 너희가 권능을 받고"(행 1:4-8)라고 말씀하는 구절에서 잠시 멈추고서는 이렇게 외쳤습니다: "'기다리라!' 그래, 우리가 그동안 이것을 한 번도 하지 않았구나. 우리는 기도해 왔지만, 지금까지 하나님이 어제보다 더 큰 복음을 오늘 우리에게 내려 주실 것을 단 한 번도 기대한 적이 없었어!" 그들이 어떻게 기도했는지 아십니까? 그들은 기도했고, 한 번의 기도 집회는 여섯 시간 동안 계속되었습니다. 그리고 하나님은 그들의 기도에 응답하여 놀라운 복을 부어 주셨습니다.

이 소녀들 중 몇몇이 라발핀디에 와 있는 동안, 한 여자 선교사가 밤중에 자신의 천막에서 그 소녀들이 머물고 있는 천막들 중의 하나에서 불빛이 새어 나오고 있는 것을 보고 깜짝 놀랐습니다. 그것은 규칙에 어긋나는 일이었기 때문이었습니다. 그녀는 따끔하게 훈계를 할 생각으로 그 천막으로 다가갔다가, 그 열 명의 소녀들 중에서 가장 나이가 어려서 열다섯 살에 불과했던 한 소녀가 그 천막의 맨 가장자리에서 무릎을 꿇은 채로, 한 손에는 작은 등잔을 들고, 다른 손에는 자신이 중보기도할 사람들의 이름이 적힌 작은 공책을 들고서 기도하고 있는 것을 발견했습니다. 그 소녀의 공책에는 판디타 라마바이 학교에 재학 중인 1,500명의 소녀들 중에서 500명의 이름이 적혀 있었습니다. 그 소녀는 하나님 앞에서 그 이름들을 하나씩 불러가며 기도하고 있었습니다. 이 소녀들이 가는 곳마다, 그리고 이 소녀들이 중보기도한 사람들에게 하나님의 복이 임한 것은 전혀 이상한 일이 아니었습니다.

중국의 목회자인 딩리메이(Ding Li Mei)의 기도 공책에는 1,100명의 학생들의 이름이 적혀 있습니다. 그의 기도를 통해서 수백 명의 학생들이 그리스도를 영접했습니다. 그의 기도로 말미암아 회심한 학생들의 신앙은 아주 대단해서, 그들 중 수십 명이 기독교 사역자들이 되었습니다.

기도를 통해서 하나님이 복을 내려 주신 놀랍고 영감 어린 이러한 이야기들을 계속해 나가는 것은 쉬운 일이지만, 굳이 그렇게 할 필요는 없을 것입니다. 나는 하나님이 내가 기도하기를 원하신다는 것을 알고, 하나님이 여러분이 기도하기를 원하신다는 것을 압니다.

"영국에 어떤 복이 있다면, 우리가 그 복을 가질 수 있습니다." 아니, 더 나아가서 그리스도 안에 어떤 복이 있다면, 우리가 그 복을 가질 수 있습니다. "찬송하리로다 하나님 곧 우리 주 예수 그리스도의 아버지께서 그리스도 안에서 하늘에 속한 모든 신령한 복을 우리에게 주시되"(엡 1:3). 하나님의 거대한 곳간에는 복들이 가득 들어차 있습니다. 그 곳간을 열 수 있는 것은 오직 기도뿐입니다. 기도는 열쇠이고, 그 열쇠를 곳간의 자물쇠에 넣고 돌려서 곳간의 문을 열어 복이 쏟아지게 하는 것은 믿음입니다. "마음이 청결한 자는 복이 있나니 그들이 하나님을 볼 것임이요"(마 5:8). 그리고 하나님을 보는 것은 올바르게 기도하는 것입니다.

귀 기울여 들어 보십시오! 우리, 곧 여러분과 나는 다시 한 번 갈림길에 서 있습니다. 우리가 오직 기도를 그 원래의 자리에 두기만 한다면, 우리의 지난 모든 실패, 우리의 지난 모든 무능력과 결핍, 우리의 지난 신앙생활에서의 모든 열매 맺지 못한 것들은 이제 단번에 사라집니다. 오늘 그렇게 하십시오. 더 적당한 때를 기다리지 마십시오.

모든 가질 만한 것들을 가질 수 있느냐의 여부는 우리가 행하는 결단에 달려 있습니다. 하나님은 진정으로 놀라우신 하나님이십니다! 그리고 하나님과 관련해서 가장 놀라운 것들 중의 하나는 하나님이 가지고 계신 모든 것에 대한 처분을 믿음의 기도에 맡겨 두셨다는 것입니다. 온전히 깨끗하게 된 마음에서 나오는 믿음의 기도는 결코 땅에 떨어지지 않습니다. 하나님이 우리에게 그렇게 약속하셨습니다. 하지만 그것보다 훨씬 더 놀랍고 기가 막힌 것은 그리스도인들이 하나님의 그런 말씀을 믿지도 않고 시험해 보려고 하지도 않는다는 사실입니다.

그리스도는 "모든 것 안에서 모든 것"이시고, 우리의 전 존재의 구주이자 주이시며 왕이시기 때문에, 우리의 기도를 주관하시고 우리로 하여금 기도하게 하시는 이는 사실 그리스도이십니다. 따라서 우리는 잘 알려져 있는 성경 구절의 한 단어를 바꾸어서, 주 예수님은 우리 안에서 영원히 살아 계셔서 우리를 대신하여 기도해 주신다고 말하는 것은 옳습니다. 우리가 주 예수님으로 하여금 우리의 불신앙이 아니라 우리의 믿음을 보시고 "놀라시며 기이히 여기실" 수 있게 만든다면, 얼마나 좋겠습니까! 우리 주님이 우리에 대해 그렇게 "놀라시며 기이히 여기셔서," "내가 진실로 너희에게 이르노니 이스라엘 중 아무에게서도 이만한 믿음을 보지 못하였노라"(마 8:10)고 말씀하시게 될 때, 중풍병에 걸려 온통 마비되어 있던 것들이 능력으로 바뀌게 될 것입니다.

주님은 우리에게 "불을 던지러" 오신 것이 아닙니까? 우리는 "이미 불"이 붙었습니까? 하나님이 케드가온(Khedgaon)의 저 소녀들을 사용하신 것처럼 우리를 사용하실 수 없으시겠습니까? 하나님은 사람의 외모를 보시지 않는 분입니다. 우리가 겸손하게 진심으로 "내게 사는 것이 그리스도"(빌 1:21)라고 고백할 수 있다면, 하나님이 우리 안에 자신의 권능을 나타내지 않으시겠습니까?

우리 중에는 「기도하는 하이드」라는 책을 읽어 본 분들이 계실 것입니다. 실제로 그의 중보기도는 많은 것들을 바꾸어 놓았습니다. 사람들은 존 하이드가 기도할 때에 자신들은 전율을 느꼈다고 말합니다. 그가 단지 "예수님, 예수님, 예수님"이라고 예수님의 이름을 부르기만 해도, 그들의 존재의 가장 깊은 곳까지 떨렸고, 사랑과 능력의 세례가 그들에게 임했습니다.

그러나 존 하이드가 기도하는 곳에 임하여 사람들을 성별하고 성령으로 충만하게 한 것은 그가 아니라 하나님의 성령이었습니다. 우리 모두가 "기도하는 하이드들"이 되지 못할 이유가 어디 있습니까? "아니죠, 그에게는 특별한 기도의 은사가 있었으니까요"라고 항변하고자 하십니까? 맞습니다. 하지만 그는 그런 은사를 어떻게 얻었습니까? 그도 그 은사를 얻기 전에는 우리와 똑같은 평범한 그리스도인에 지나지 않았습니다.

인간적으로 말해서 그의 기도 생활은 그의 아버지 친구의 기도 덕분이었다고 여러분은 말하고 싶으십니까? 그렇다면 이 점을 명심하십시오. 이 것은 아주 중요한 것이고, 여러분의 삶 전체에 지대한 영향을 미칠 수 있는 것입니다. 아무래도 나는 이 이야기를 자세하게 얘기해야 할 것 같습니다. 왜냐하면, 아주 많은 것이 거기에 달려 있기 때문입니다. 존 하이드가 직접 한 말을 인용해 볼까요? 그는 선교사로 부임하기 위해 인도로 가는 배를 타고 있었습니다. 그는 이렇게 말합니다:

나의 아버지에게는 외국에 선교사로 나가기를 무척 원했지만 그렇게 하는 것이 허락되지 않았던 한 친구 분이 있었습니다. 그 친구 분은 그 배에 탑승한 내게 편지를 보냈습니다. 나는 뉴욕 항을 출발하고 나서 몇 시간 후에 그 편지를 받았습니다. 그 편지에 적혀 있는 내용은 길지 않았고, 그 취지는 이런 것이었습니다: "사랑하는 존, 네가 성령으로 충만하게 될 때까지, 나는 너를 위해 기도하기를 쉬지 않을 것이다." 나는 그 편지를 읽은 후에 꼬깃꼬깃 구겨서 갑판에 던져 버렸습니다. 왜냐하면, 나는 이 친구 분이 내가 성령 세례를 받지 않았다고 생각하거나, 내가 그런 준비도 없이 인도로 가고자 했다고 생각한 것이라고 여기고서는 화가 치밀었기 때문이었습니다. 그러나 내게 점차 제대로 된 판단력이 돌아왔을 때, 나는 그 편지를 집어 들고서 다시 한 번 읽어 보았습니다. 정말 내가 성령 충만을 받지 못한 것이라면, 반드시 받을 필요가 있을 것이었기 때문이었습니다.

나는 치밀어 오르는 화와 싸우면서 갑판 위를 걸었습니다. 나는 불안감을 느꼈습니다. 나는 이 편지를 쓴 분을 사랑했고, 그가 거룩한 삶을 살아 왔다는 것을 알고 있었기 때문에, 점차 그의 말이 옳고, 나는 선교사가 되기에 합당하지 않다는 확신이 내 마음속에서 생겨났습니다⋯⋯이런 상태가 이삼 일 동안 지속되었고, 결국 나는 내가 얼마나 형편없는 자인지를 느꼈습니다⋯⋯마침내 일종의 절망에 빠진 나는 하나님께 나를 성령으로 충만하게 해 주시라고 기도했습니다. 그리고 내가 그렇게 기도하는 순간⋯⋯내 자신의 실상이 내게 보이기 시작했고, 내가 얼마나 이기적인 야심을 지니고 있었는지가 보이기 시작했습니다."

그러나 존 하이드는 아직 자신이 구한 복을 받지는 못했습니다. 그는 인도에 내려서 동료 선교사와 함께 야외 집회에 갔습니다. 그는 이렇게 말합니다:

그 선교사가 말씀을 전했고, 나는 그가 우리를 죄로부터 건져 주시는 진정한 구주로서의 예수 그리스도에 대해 말씀을 전하고 있는 것으로 들었습니다. 그의 설교가 끝났을 때, 어떤 점잖은 신사 분이 유창한 영어를 구사해서 그 선교사에게 그 자신이 그렇게 해서 구원을 받았는지에 대해 물었습니다. 이 질문이 나의 마음속으로 파고들었습니다. 왜냐하면, 만일 내가 그런 질문을 받았다면, 나는 나의 삶 속에 아직 제거되지 않은 죄가 있다는 것을 아는 까닭에, 그리스도께서 나를 온전히 구원하셨다고 고백하지 못했을 것이기 때문이었습니다. 나는 그리스도께서 온전한 구주시라는 것을 다른 사람들에게 선포하면서도, 정작 내 자신과 관련해서는 나를 죄로부터 건지셨다고 고백하지도 못하는 그리스도를 전한다는 것이 얼마나 부끄러운 일인지를 깨달았습니다.

나는 내 방으로 돌아와서 문을 걸어 잠근 채, 주님이 내게 두 가지 중 하나를 해 주셔야 한다고 말씀드렸습니다. 즉, 주님이 내게 나의 모든 죄, 특히 내가 아주 쉽게 걸려드는 죄를 이길 수 있게 해 주시거나, 미국으로 돌아가서 무엇인가 다른 일을 찾아보게 해 주시라고 기도했습니다. 나는 내 자신의 삶 속에서 내가 직접 경험한 복음의 능력을 전할 수 있을 때까지는 강단에 서서 복음을 전할 수 없다고 말씀드렸습니다. 나는……그것이 정말 이치에 맞는 것임을 깨달았습니다. 그리고 주님은 내게 나를 모든 죄에서 건져 주실 수 있으시고 기꺼이 건져 주시겠다고 약속하셨습니다. 실제로 주님은 나를 나의 모든 죄에서 건져 주셨고, 그 이후로 나는 그것에 대해 전혀 의심을 갖지 않았습니다.

그런 후에, 즉 오직 그런 후에야 비로소 존 하이드는 "기도하는 하이드"가 되었습니다. 그리고 여러분과 나도 오직 그렇게 온전히 항복해서 죄의 권세로부터 분명하게 건짐을 받은 후에야 비로소 응답받는 기도의 사람들이 될 수 있습니다. 하지만 우리가 강조하고자 하는 것은 이미 앞에서 언급한 것입니다. 즉, 어떤 알지 못하는 사람이 당시에 세상에 전혀 알려져 있지 않았던 존 하이드를 위해 기도하였고, 그의 기도로 말미암아 존 하이드에게 그런 복이 임하여서, 지금은 모든 사람에게 "기도하는 하이드"로 알려진 인물을 탄생시켰다는 것입니다. 사랑하는 독자여, 당신은 조금 전에 마음속으로 자기는 기도하는 하이드가 될 가망이 없다고 말했습니까? 물론, 우리 모두가 그렇게 많은 시간을 기도에 드릴 수 있는 것은 아닙니다. 육신적인 이유나 그 밖의 다른 이유로 우리는 기도를 오랜 시간 할 수 없을 수도 있습니다. 그러나 우리 모두는 그가 기도했던 것처럼 기도할 수는 있습니다. 지금은 이름도 알려져 있지 않은 저 아버지의 친구가 존 하이드를 위해 기도했듯이, 우리 모두도 다른 사람들을 위해서 기도할 수 있기 때문입니다.

우리는 다른 사람들에게 복을 내려 주시라고 기도할 수 있지 않습니까? 당신은 당신 교회의 목회자들이나 당신의 친구나 당신의 가족에게 복을 내려 주시라고 기도할 수 있습니다. 그렇게 하기만 하면, 우리는 그 어떤 사역도 다 우리의 사역으로 만들 수 있습니다! 그러나 그렇게 하기 위해서는, 존 하이드가 그랬던 것처럼 온전히 항복해야 합니다. 우리는 그렇게 했습니까? 기도에서의 실패는 마음에 있는 잘못 때문입니다. 오직 "마음이 청결한 자들"만이 하나님을 볼 수 있습니다. 그리고 오직 "주를 깨끗한 마음으로 부르는 자들"(딤후 2:22)만이 기도에 대한 응답을 확신할 수 있습니다.

이 글을 읽는 사람들이 오직 지금 성령의 충만함을 덧입기만 한다면, 영적 부흥이 일어나고 강력한 복이 임하게 될 것은 의심의 여지가 없습니다!

당신은 하나님이 우리가 기도하기를 원하시는 이유를 아십니까? 이제 당신은 모든 가질 만한 것들을 가질 수 있느냐의 여부가 기도에 달려 있는 이유를 아십니까? 여러 가지 이유가 있지만, 이 장을 읽은 후에는 그 중 한 가지 이유가 우리 앞에 아주 뚜렷하고 생생하게 드러나게 될 것입니다. 그것은 바로 이것입니다: 우리가 구하여도 하나님이 주시지 않는다면, 그 잘못은 우리에게 있다는 것입니다. 우리의 기도가 응답받지 못하였다면, 그것은 우리의 마음을 살펴서 거기에 무엇이 잘못되었는지를 보라는 신호입니다. 왜냐하면, "내 이름으로 무엇이든지 내게 구하면 내가 행하리라"(요 14:14)고 하신 주님의 약속은 너무나 분명하고 명확하기 때문입니다.

사실 기도하는 것은 하나님이 아니라 기도하는 사람의 영적인 삶을 시험하는 것입니다.

예수님, 나로 당신께 더 가까이 나아가게 하소서,
날마다 더 가까이.
예수님, 나로 당신을 더 견고히 의지하게 하소서,
그렇습니다, 날마다 점점 더 견고히.

제4장

표적을 구하는 것

"하나님은 정말 기도에 응답하시는가"라는 질문은 사람들의 입에 자주 오르내리고, 사람들의 마음 깊은 곳에서는 한층 더 자주 오르내립니다. "기도라는 것이 정말 소용이 있는 것인가?" 어쨌든 우리는 기도하지 않을 수 없습니다. 그러나 야만적인 이교도들도 위험이나 재앙이나 곤경에 처했을 때에는 그들을 도울 어떤 사람이나 어떤 것을 향해 부르짖습니다.

그리고 우리 중에서 기도를 진정으로 믿는 사람들도 이내 또 다른 질문에 맞닥뜨립니다: "하나님을 시험하는 것은 옳은 일인가?" 또한, 조금만 더 생각하면 우리의 뇌리 속에 이런 생각이 떠오릅니다: "감히 우리가 하나님을 시험해도 될까?" 기도 생활에서의 실패는 흔히, 아니 언제나 영적인 삶을 사는 것에서의 실패로부터 기인합니다. 그래서 많은 사람들의 마음속에는 기도의 가치와 효력에 대한 상당한 불신앙이 자리잡고 있습니다. 그리고 믿음이 없는 기도는 헛됩니다.

과연 하나님은 우리가 그리스도인들에게 표적을 구하고 하나님을 시험하라고 권하는 것을 용납하실까? 그런데 그런 식으로 하나님을 시험하는 것은 사실은 하나님을 믿는 우리 자신의 믿음을 시험하는 것이고 우리 자신이 거룩한 삶을 살고 있는지의 여부를 시험하는 것입니다. 기도는 참된 경건의 시금석입니다. 하나님은 우리의 기도를 요구하시고, 우리의 기도를 소중히 여기시며, 우리의 기도를 필요로 하십니다. 그리고 그런 기도들이 응답되지 않는다면, 그것은 전적으로 우리의 책임이고 우리의 잘못입니다. 그렇다고 해서, 이것은 효력 있는 기도를 드리면 우리가 그 기도를 통해서 구한 것을 반드시 얻는다고 말하는 것이 아닙니다. 어쨌든 성경은 우리가 하나님을 시험해도 좋다고 가르칩니다. 구약 시대에 기드온의 사례는 우리의 믿음이 불안전하여 비틀거리는 것일지라도 하나님은 우리의 그런 믿음조차 존중해 주신다는 것을 보여 주기에 충분합니다. 하나님은 우리가 하나님과 분명한 약속을 정하고서 하나님이 그 약속을 지키시는지의 여부를 "검증해" 보는 것을 허락하십니다. 이것은 우리에게 너무나 큰 위로와 힘이 됩니다.

기드온은 하나님께 이렇게 말씀드렸습니다:

"주께서 이미 말씀하심 같이 내 손으로 이스라엘을 구원하시려거든 보소서 내가 양털 한 뭉치를 타작 마당에 두리니 만일 이슬이 양털에만 있고 주변 땅은 마르면 주께서 이미 말씀하심 같이 내 손으로 이스라엘을 구원하실 줄을 내가 알겠나이다"(삿 6:36-37).

하지만 다음날 아침에 그 양털을 가져다가 짰더니 "물이 그릇에 가득할" 정도로 젖어 있었음에도 불구하고, 기드온은 그것으로 만족하지 않았습니다! 그는 감히 하나님을 두 번째로 시험해서, 이번에는 주변 땅은 젖어 있고 오직 양털만 말라 있게 해 주시라고 요청하였습니다. 그리고 "그 밤에 하나님은 그대로 행하셨습니다"(40절).

　전능하신 하나님이 자신의 명령을 행하기를 주저하고 망설이는 한 사람이 하나님을 시험하여 요청한 것을 이렇게 두 번이나 그대로 행하신 것은 정말 너무나 놀랍고 기이한 일입니다! 우리는 숨을 죽이며 이 모습을 지켜보면서, 기드온이라는 사람의 무모함과 하나님의 지극한 겸비에 너무나 놀라 기절초풍할 지경이 됩니다. 이 일보다 더 우리를 깜짝 놀라게 할 수 있는 일은 아마도 없을 것입니다. 물론, 이 이야기 속에는 눈에 보이는 것 이상의 것이 존재합니다. 틀림없이 기드온은 "양털"이 자기 자신을 나타낸다고 생각하였습니다.

　하나님이 기드온을 성령으로 충만하게 하셨다면, 기드온은 구원에 대한 확신을 가졌을 것입니다. 그러나 그는 양털을 짜면서, 자기 자신과 이슬에 흠뻑 젖은 양털을 비교했습니다. "이 양털과 나는 왜 이렇게 다른 것인가! 하나님은 구원을 약속하시지만, 나는 내가 하나님의 성령으로 충만하게 되었다는 것을 느끼지 못하고 있다. 하나님의 강력한 능력은 조금도 내 속으로 들어온 것 같지 않다. 그런데 어떻게 내가 이 큰 일을 해낼 수 있단 말인가?" 기드온은 그 일을 해낼 수 없을 것입니다. 왜냐하면, 그 일을 행하시는 이는 "내가 아니라 하나님"이실 것이기 때문입니다.

　"오, 하나님, 양털을 마르게 해 주십시오. 그런 경우에도 당신은 여전히 그 일을 해내실 수 있으십니까? 나는 내 안에서 그 어떤 초인간적인 능력이나 영적인 충만한 복을 느끼지 못합니다. 내가 이 양털처럼 말라 있다고 느낄지라도, 당신은 여전히 나의 팔을 사용하셔서 이스라엘을 구원하실 수 있으십니까?" (기드온이 기도하기 전에 "주여 내게 노하지 마옵소서"라는 도입문을 덧붙인 것은 이상한 일이 아니다!) "그 밤에 하나님이 그대로 행하시니 곧 양털만 마르고 그 주변 땅에는 다 이슬이 있었더라"(40절).

그렇습니다. 이 이야기 속에는 우리가 얼핏 보아서 알 수 있는 것 이상의 것이 존재합니다. 그리고 우리 자신의 경우에서도 그렇지 않습니까? 마귀는 늘 우리 심령의 "메마름" 때문에 우리의 기도가 응답될 수 없다는 확신을 우리에게 심어 주려고 애씁니다. 하지만 기도 응답은 우리의 감정에 달려 있지 않고, 약속하신 분이 신뢰할 만한 분이라는 사실에 달려 있습니다.

우리는 기드온이 하나님께 했던 방식은 우리에게 또는 누구에게나 통상적으로 적용될 수 있는 그런 것이라고 말하는 것이 아닙니다. 그것은 하나님의 말씀을 믿는 것을 많이 주저하고 망설이는 모습을 드러내 주는 것으로 보이고, 사실 하나님을 심각하게 의심하는 것처럼 보입니다. 우리가 하나님을 단지 부분적으로 믿는 믿음을 보일 때, 분명히 그것은 하나님을 근심하시게 만듭니다.

"아무 것도 의심하지 말고 구하는" 것이야말로 가장 좋고 가장 안전한 방법입니다. 그러나 기드온이 하나님을 시험하는 것을 하나님이 허락하셨다는 사실을 아는 것은 우리에게 아주 큰 위로와 확신을 줍니다. 또한, 이것은 성경에서 하나님을 시험한 유일한 사례가 아닙니다. "하나님을 검증하는" 가장 놀라운 일은 갈릴리 바다에서 일어났습니다. 사도 베드로는 우리 주님을 시험하였습니다. 구주께서는 이미 "내니라"고 말씀하셨는데도, 베드로는 "만일 주님이시거든 나를 명하사 물 위로 오라 하소서"라고 요청했습니다. 주님은 "오라"고 하셨고, 그러자 베드로는 "물 위로 걸어서" 주님께로 갔습니다(마 14:28-29). 그러나 베드로의 이러한 "시험하는 믿음"은 이 내 실패하고 말았습니다. "작은 믿음"(31절)이 아주 신속하게 "의심"으로 바뀌는 일은 비일비재합니다. 하지만 그리스도께서는 베드로가 물 위로 자기에게 오는 것을 책망하지 않으셨습니다. 주님은 "네가 감히 물 위로 걸어올 생각을 한 것이냐"고 말씀하신 것이 아니라, "왜 의심하였느냐"고 말씀하셨습니다.

결국 하나님을 시험하는 것은 최선의 방법은 아닙니다. 하나님은 우리에게 믿음의 기도와 관련해서 아주 많은 약속들을 주셨고, 우리의 기도에 기꺼이 응답하고자 하신다는 것과 그렇게 하실 수 있는 능력이 그에게 있으시다는 것을 아주 자주 증명해 주셨기 때문에, 우리가 기사들과 표적들을 구할 때에는 대단히 신중해야 합니다!

그러나 어떤 사람들은 전능하신 하나님이 친히 우리에게 그를 시험해 보라고 명령하신 것이 아니냐고 반문할 수도 있을 것입니다: "너희의 온전한 십일조를 창고에 들여 나의 집에 양식이 있게 하고 그것으로 나를 시험하여 내가 하늘 문을 열고 너희에게 복을 쌓을 곳이 없도록 붓지 아니하나 보라"(말 3:10).

그것은 사실입니다. 하나님은 "나를 검증해 보고 나를 시험해 보라"고 말씀하십니다. 그러나 사실 그것은 우리 자신을 시험하는 것입니다. 우리가 기도할 때, 하늘의 문이 열리지 않고, 차고 넘칠 정도의 풍성한 복이 우리에게 부어지지 않는다면, 그것은 오직 우리가 온전한 십일조를 드리지 않았기 때문입니다. 우리가 하나님의 말씀에 전적으로 순종해서 온전한 십일조를 하나님의 창고로 들였다면, 우리는 이미 차고 넘치는 복을 받고 있을 것이기 때문에, 하나님을 시험할 필요조차 없게 될 것입니다! 이것은 우리가 응답받지 못한 기도라는 문제를 다룰 때에 말해야 할 것입니다.

한편, 우리는 모든 그리스도인이 "과연 내가 공정하게 기도를 시험해 본 적이 한 번이라도 있는가"라고 스스로에게 물어보기를 바랍니다. 당신이 정식으로 기도라는 것을 마지막으로 드린 지가 얼마나 오래 되었습니까? 사람들은 설교나 집회, 또는 선교에 "복"을 내려 주시기를 기도합니다. 그리고 어떤 복이 거기에 틀림없이 임합니다. 왜냐하면, 다른 사람들도 하나님께 그런 기도를 드리고 있기 때문입니다. 당신은 고통을 없애 달라거나 병을 낫게 해 달라고 기도합니다. 그러나 하나님을 모르는 사람들도, 그들을 위해 기도하는 사람이 아무도 없는 것처럼 보이는데도, 흔히 병에서 회복되고, 어떤 때에는 기적적인 방식으로 병에서 낫습니다. 그리고 우리는 아무도 우리를 위해 기도하지 않아 왔다고 할지라도 우리가 더 나아질 수 있었을 것이라고 느낄 수 있습니다. 아주 많은 사람들은 명확한 기도 응답을 경험한 경우를 손가락으로 꼽을 수 없는 것으로 보입니다. 대부분의 그리스도인들은 하나님이 자기 자녀들의 간구를 들어주시는 것을 기뻐하신다는 것을 보여 주실 수 있는 기회를 드리지 않습니다. 왜냐하면, 그들이 구하는 것들은 아주 모호하고 불분명하기 때문입니다. 그런 식으로 기도하게 되면, 기도는 단순히 형식적인 것, 즉 어떤 문구들을 날마다 기계적으로 반복하는 것이자 아침과 저녁으로 몇 분 동안 "과제"를 수행하는 것이 되어 버리는 경우가 비일비재하다는 것은 별로 이상한 일이 아닙니다.

그러므로 우리가 살펴보아야 할 것이 한 가지 더 있습니다. 당신은 기도생활을 해 나가면서 당신이 구한 것이 주어졌다는 것을 증언해 준 증인을 가졌던 적이 있습니까? 기도의 사람들의 사생활을 어느 정도 아는 사람들은 그들이 구한 것이 실제로 주어지기 오래 전에 그들의 기도가 응답되었다는 완벽한 확신이 종종 그들에게 임하는 것을 보고 종종 놀라곤 합니다. 한 기도의 용사는 이렇게 말했습니다. "평안이 내 심령에 임했습니다. 나는 내가 구한 것이 내게 허락되었다는 것을 확신했습니다." 그래서 그는 하나님이 그의 기도를 들어주셨다는 것을 확신하고서 즉시 하나님께 감사를 드렸습니다. 그리고 그의 확신은 나중에 완벽하게 확실한 것이었음이 증명됩니다.

주님은 언제나 그런 확신을 가지고 계셨습니다. 그리고 우리는 주님은 하나님이기는 하셨지만, 온전한 사람으로서 하나님의 성령에 의지해서 이 땅에서 사셨다는 것을 명심해야 합니다.

주님은 실제로 죽은 자를 부르셔서 다시 살아나게 하시기 전에, 나사로의 열린 무덤 앞에 서서, "아버지여 내 말을 들으신 것을 감사하나이다 항상 내 말을 들으시는 줄을 내가 알았나이다"(요 11:41-42)라고 말씀하셨습니다. 그렇다면, 왜 주님은 이런 감사 기도를 하신 것입니까? 주님은 "이 말씀 하옵는 것은 둘러선 무리를 위함이니 곧 아버지께서 나를 보내신 것을 그들로 믿게 하려 함이니이다"라고 말씀하십니다. 그리스도께서 우리의 믿음으로 말미암아 우리 안에 거하시고, 성령이 우리를 대신하여 간구하시며, 우리가 "성령으로 기도한다면"(유 1:20), 우리는 아버지께서 우리의 기도를 "들으신다"는 것을 알아야 하지 않겠습니까? 그리고 우리 곁에 있는 사람들은 우리가 하나님이 보내신 자들이라는 것을 알아차려야 하지 않겠습니까?

기도의 사람들은 성경에 주어진 분명한 약속으로 말미암아 하나님의 뜻임을 아는 어떤 것을 위해서 하나님 앞에서 기도로 고군분투하며 구하게 되는 경우가 있는데, 그럴 때에는 성령께서 갑자기 하나님이 그들이 구하는 것을 허락하셨다는 것을 확실하게 계시해 주실 때까지 몇 시간은 물론이고 심지어 며칠 동안 계속해서 기도합니다. 그리고 그런 응답을 받은 후에는 그 일이 이루어질 것임을 확신하고서, 그 일에 대해서는 더 이상 하나님께 간구를 할 필요가 없다는 것을 알기 때문에 기도하기를 그칩니다. 이 때에 하나님은 분명한 음성으로 이렇게 말씀하신 것이나 다름없습니다: "내가 너의 기도를 들었고, 네 마음의 소원을 네게 허락하였다." 이것은 오직 어떤 한 사람의 경험이 아니라, 기도를 자신들의 삶의 토대로 삼고 살아가는 사람들의 대부분이 한결같이 증언하는 것입니다. 또한, 이것은 그들의 삶 속에서 일회적인 경험이 아니라, 계속해서 반복적으로 일어나는 일입니다.

그런 후에 기도는 행동으로 옮겨져야 합니다. 하나님은 모세에게 이렇게 가르치셨습니다: "너는 어찌하여 내게 부르짖느냐 이스라엘 자손에게 명령하여 앞으로 나아가게 하라"(출 14:15).

하나님이 중국에서 크게 사용하신 고포스(Jonathan Goforth) 선교사에게 그의 간구가 허락되었다는 확신을 자주 주신 것을 보고 우리는 놀라지 않습니다. 그는 이렇게 말했습니다: "나는 하나님이 응답하셨다는 것을 알았습니다. 하나님이 길을 여실 것이라는 명확한 확신을 받았습니다." 우리는 그 말을 듣고 놀랄 이유가 없습니다. 왜냐하면, 주 예수님은 "너희는 내가 명하는 대로 행하면 곧 나의 친구라 이제부터는 너희를 종이라 하지 아니하리니 종은 주인이 하는 것을 알지 못함이라 너희를 친구라 하였노니 내가 내 아버지께 들은 것을 다 너희에게 알게 하였음이라"(요 15:14-15)고 말씀하셨기 때문입니다. 당신은 주님이 자신의 "친구들"인 우리에게 자신의 계획과 목적을 알게 하시는 것이 놀라운 일이라고 생각하십니까?

이런 말을 들으면 그 즉시 한 가지 질문이 생겨납니다: "하나님은 오직 자신이 특별히 선택하신 몇몇 성도들에게만 그런 경험을 허락하고자 하시는 것인가, 아니면 모든 믿는 자들이 그 동일한 믿음을 발휘해서 자신들의 기도가 응답되었다는 그 동일한 확신을 갖기를 원하시는 것인가?"

우리는 하나님이 사람을 차별하시는 분이 아니라는 것을 알기 때문에, 하나님을 진정으로 믿는 자들은 누구든지 하나님의 생각과 뜻에 참여하여 함께 공유할 수 있다는 것을 압니다. 우리가 하나님이 우리에게 명령하시는 것들을 행한다면, 우리는 하나님의 친구들입니다. 하나님이 명령하시는 것들 중의 하나가 바로 "기도"입니다. 구주께서는 자신의 제자들에게 "하나님을 믿으라"(막 11:22, 직역하면, "하나님의 믿음을 가져라")고 간곡히 부탁하셨습니다. 그런 후에, "누구든지 이 산더러 들리어 바다에 던져지라 하며 그 말하는 것이 이루어질 줄 믿고 마음에 의심하지 아니하면 그대로 되리라"(23절)고 선언하시고서는, 다음과 같은 약속을 주십니다: "무엇이든지 기도하고 구하는 것은 [하늘에서] 받은 줄로 믿으라 그리하면 [땅에서] 너희에게 그대로 되리라"(24절). 이것은 우리가 지금까지 말해 온 바로 그 경험입니다. 이것은 참된 기도의 사람들이 행하는 바로 그것입니다. 이런 일들은 당연히 불신자들의 이해 범위를 뛰어넘습니다. 이런 일들은 어중간하게 믿는 사람들을 당황스럽게 만듭니다. 하지만 주님은 사람들이 주님이 하나님으로부터 보내심을 받은 것처럼 우리도 주님의 보내심을 받은 주님의 제자들이라는 것을 알게 되기를 원하십니다(요 17:18; 20:21). 우리가 서로 사랑하면, 그들은 그것을 알게 될 것입니다(요 13:35). 그러나 그들이 그것을 알게 할 수 있는 또 다른 증거가 있는데, 그것은 "하나님이 우리의 기도를 항상 들으신다"는 것을 우리가 알고 그들이 보는 것입니다(요 11:42).

우리 중에서는 즉시 조지 뮬러(George Müller)의 놀라운 기도 생활을 떠올리는 사람들이 있을 것입니다. 한 번은 그가 퀘벡에서 리버풀로 건너가면서, 자기가 뉴욕에 편지를 써서 부쳐 달라고 한 의자가 증기선을 타는 시간에 맞춰서 도착하게 해 달라고 아주 구체적으로 기도하였고, 하나님이 자신의 간구를 들어주셨다는 것을 확신했습니다. 승객들을 증기선으로 실어 나르는 배가 출발하기 30분 전쯤에, 담당 직원은 의자가 도착하지 않아서 제시간에 맞춰서 증기선에 실기는 불가능할 것이라고 그에게 말해 주었습니다. 뮬러 부인은 배 멀미를 아주 심하게 했기 때문에, 그녀에게는 그 의자가 절대적으로 필요했습니다. 그런데도 뮬러 목사는 근처에 있는 가게로 가서 의자 하나를 새로 구입하고자 하지 않았습니다. "우리는 이 문제에 대해 특별히 기도했고, 하늘에 계신 우리 아버지께서는 그렇게 해 주시겠다고 우리에게 약속하셨기 때문에, 나는 하나님이 반드시 그렇게 해 주실 것이라고 믿는다"는 것이 그의 대답이었습니다. 그리고 그는 자신의 믿음이 결코 잘못된 것이 아니라 그 믿음대로 이루어질 것임을 절대적으로 확신하고서 배에 올랐습니다. 배가 출발하기 직전에, 차량 한 대가 급히 달려 왔고, 그 차의 짐칸에는 뮬러 부인의 의자가 실려 있었습니다. 그 의자는 황급히 배에 실려서, 뮬러 목사에게 의자를 새로 사라고 강력히 권했던 바로 그 사람 손에 들어갔습니다! 그가 뮬러 목사에게 그 의자를 건네자, 뮬러 목사는 전혀 놀라지 않았고, 단지 모자를 살짝 들어올려서 하늘에 계신 아버지께 감사를 표했습니다. 이 하나님의 사람에게 그러한 기도 응답은 놀라운 일이 아니라 자연스러운 일이었던 것입니다. 당신은 하나님이 뮬러 목사의 친구들과 우리에게 교훈을 주시기 위해서 그 의자를 마지막 순간에 이르러서야 도착하게 하신 것이라고 생각하지 않습니까? 하나님이 그렇게 하지 않으셨다면, 이 일은 결코 우리에게 알려지지 않았을 것입니다.

하나님은 온갖 수단과 방법을 다 동원하셔서 우리로 하여금 기도하게 하시고 믿게 하시고자 하지만, 우리는 그렇게 하기를 너무나 싫어해서 웬만해서는 그렇게 하고자 하지 않습니다! 우리가 믿음이 부족하고 기도하지 않음으로써 잃는 것이 얼마나 많은지 아십니까! 기도해서 응답받는 법을 알지 못하는 사람은 아무도 결코 하나님과의 진정한 깊은 교제와 소통을 할 수 없습니다.

하나님은 우리가 하나님을 시험해 보기를 원하신다는 것에 대해 조금이라도 의심이 있는 사람은 『전대를 가지지 말라』(Nor Scrip)라는 작은 책을 읽어 보십시오. 거기에서 에이미 윌슨 카마이클(Amy Wilson Carmichael)은 어떻게 자기가 거듭거듭 반복해서 "하나님을 검증했는지"를 우리에게 말해 줍니다. 우리는 그 책에서 그녀를 그렇게 하도록 이끈 것이 우연이 아니고, 거기에는 분명히 하나님의 손이 작용했다는 인상을 받습니다. 예를 들면, 어느 인도 아이를 "종교적으로" 수치스러운 삶에서 건져내기 위해서는 백 루피의 돈이 필요했습니다. 그녀는 과연 그렇게 하는 것이 옳은지를 놓고 고민했습니다. 문제는 그 돈이면 많은 소녀들을 도울 수 있는데, 한 아이를 위해 그 돈을 사용하는 것이 과연 옳은 일인가 하는 것이었습니다. 윌슨 카마이클은 백 루피의 돈을 그 아이를 위해 사용하는 것이 하나님의 뜻이라면, 하나님이 그녀에게 더도 말고 덜도 말고 딱 백 루피의 돈을 정확히 보내 주시라고 기도해야 하겠다고 생각했습니다. 정확히 그 금액에 해당하는 돈이 그녀에게 들어 왔고, 그 돈을 보낸 여자는 자기가 책상에 앉아서 수표에 다른 금액을 적으려고 했지만, 어떤 저항할 수 없는 힘에 의해 백 루피라는 금액을 적을 수밖에 없었다고 설명했습니다.

이 일은 15년 전에 일어난 일입니다. 이 일이 있은 후에 에이미 카마이클 선교사는 거듭거듭 하나님을 시험했고, 그 때마다 하나님은 그녀를 단 한 번도 실망시키지 않으셨습니다. 다음은 그녀가 한 말입니다:

십오 년 동안에 우리에게 온 청구서를 지불하지 못한 적이 단 한 번도 없었습니다. 우리가 도움이 필요할 때, 단 한 번도 어떤 사람에게 우리의 사정을 말해 본 적도 없었습니다. 하지만 우리에게 있어야 할 것이 없었던 적은 단 한 번도 없었습니다. 한 번은 마치 우리에게 무엇이 필요한 경우에는 우리의 필요가 어떤 식으로 채워질 수 있는지를 보여 주기라도 하듯이 25파운드가 전신으로 왔습니다! 어떤 때에는 철도역에서 북적거리는 무리 가운데서 한 사람이 나타나서는 우리에게 꼭 필요했던 만큼의 돈을 내 손에 쥐어 주고서는, 내가 그 사람이 누구인지를 확인하기도 전에 무리 속으로 다시 사라지는 경우도 있었습니다.

놀랍지 않습니까? 정말 놀랍습니다! 사도 요한은 하나님의 성령을 힘입어 무엇이라고 말합니까?

"그를 향하여 우리가 가진 바 담대함이 이것이니 그의 뜻대로 무엇을 구하면 들으심이라 우리가 무엇이든지 구하는 바를 들으시는 줄을 안즉 우리가 그에게 구한 그것을 얻은 줄을 또한 아느니라"(요일 5:14-15).

여러분과 나는 그런 "담대함"을 가지고 있습니까? 가지고 있지 않다면, 그 이유는 무엇입니까?

그런 일은 놀라운 일이라고 말하는 것은 우리에게 믿음이 없음을 보여 주는 것입니다. 기도에 응답해 주시는 것은 하나님께는 자연스러운 일입니다. 특별한 일이 아니라 통상적인 일입니다.

우리는 이 문제와 관련해서 진실을 있는 그대로 직시하고 정말 정직해야 하는데, 그 진실이라는 것은 우리 중에서 너무나 많은 사람들이 하나님을 믿지 않는다는 것입니다. 우리는 이 문제와 관련해서 정말 솔직해질 필요가 있습니다. 우리가 하나님을 사랑한다면, 기도해야 합니다. 하나님은 우리가 기도하기를 원하시고 우리에게 기도하기를 명령하시기 때문입니다. 우리가 하나님을 믿는다면, 저절로 기도하게 될 것입니다. 우리는 기도하지 않고서는 살아갈 수가 없고, 그래서 기도할 수밖에 없기 때문입니다.

동료 그리스도인이여, 당신은 하나님을 믿는다고 말합니다(요 3:16). 그렇다면, 당신은 그리스도인으로서의 당신의 삶 속에서 자신이 하나님을 믿는다는 것을 어느 정도나 보여 주고 있습니까? 즉, 하나님이 말씀하시는 것은 무엇이든지 다 믿는다는 것을 당신의 삶 속에서 보여 주고 있느냐는 것입니다. 그리스도인에게 이런 질문을 하는 것은 그리스도인을 모독하는 것처럼 들리지 않습니까? 하지만 그리스도인이라고 하는 사람들 중에서 진정으로 하나님을 믿는 사람은 극히 적습니다! 하나님, 우리를 용서해 주십시오! 당신은 우리가 하나님의 말씀을 믿기보다는 우리 동료들의 말을 더 쉽게 믿는다는 생각을 해 본 적이 없습니까?

하지만 어떤 사람이 "하나님을 믿을" 때, 하나님은 그 사람 안에서 및 그 사람을 통해서 은혜의 이적들을 행하십니다! 지금까지 인류 역사상에서 신약성경에서 "그가 하나님을 믿었다"(롬 4:3; 갈 3:6; 약 2:23)고 세 번이나 증언하고 있는 인물만큼 수많은 민족들과 나라들로부터 공경을 받아 온 사람은 없었습니다. 성경에서는 "아브라함이 하나님을 믿으니 이것을 의로 여기셨다"(약 2:23)고 말합니다. 그리고 오늘날 그리스도인들과 유대인들과 회교도들은 서로 앞 다투어 아브라함의 이름을 높입니다. 우리는 그리스도 예수를 믿는 모든 사람들에게 그들이 "나는 하나님을 믿고 그 믿음 위에서 행하리라"(행 27:25, 개역개정에는 "나는 내게 말씀하신 그대로 되리라고 하나님을 믿노라")고 말할 수 있을 때까지 결코 쉬지 말라고 간곡히 충고합니다.

그러나 우리는 하나님을 시험해 보는 문제에 대해 말하는 것을 마치기 전에, 하나님은 종종 우리를 이끄셔서 "하나님을 검증해" 보게 하신다는 것을 지적하고 싶습니다. 때때로 하나님은 에이미 카마이클 선교사의 마음에 역사하셔서 어떤 것들을 구하게 하셨습니다. 그녀 자신은 그런 것들을 굳이 구할 필요가 없다고 생각했지만, 성령의 강권하심에 따라 구할 수밖에 없었습니다. 그녀가 그것들을 구했을 때, 그것들은 그녀에게 주어졌을 뿐만 아니라, 헤아릴 수 없이 큰 유익을 주는 것들이라는 것이 나중에 증명되었습니다. 그렇습니다. 하나님은 우리가 구하기 전에 이미 우리에게 필요한 것이 어떤 것들인지를 아시고, 우리가 그것들을 원하든지 원하지 않든지 우리에게 그것들을 주시기 위해 우리를 강권하셔서 그것들을 구하게 하십니다(마 6:8). 하나님은 "내가 결코 너희를 실망시키지 않을 것이다"(히 13:5, 개역개정에는 "내가 결코 너희를 버리지 아니하고")라고 말씀하지 않으셨습니까?

에이미 카마이클에게는 종종 그녀가 어떤 긴급한 곤경에 처했을 때 그 사실을 다른 사람들에게 알리고 도움을 청하고자 하는 시험이 찾아 왔습니다. 그러나 그럴 때마다 "나는 알고 있고, 그것으로 충분해"라는 내적인 확신이 마치 하나님의 음성처럼 그녀에게 임했습니다. 그리고 그런 일들로 인해서 하나님이 영광을 받으신 것은 물론입니다. 전쟁으로 인한 시련의 나날들 가운데서 하나님을 믿지 않는 사람들조차 "그들의 하나님이 그들을 먹이신다"고 말하곤 했습니다. 한 이교도는 "당신의 하나님이 기도를 들으신다는 것을 이 나라에서 모르는 사람이 누가 있습니까?"라고 말했습니다.

이런 분들의 무조건적인 믿음으로 말미암아 하나님이 얼마나 큰 영광을 받으셨습니까? 그런데 왜 우리는 하나님을 믿지 못하는 것입니까? 왜 우리는 하나님이 하신 말씀을 액면 그대로 받아들이지 않는 것입니까? 왜 우리는 믿는 자들이나 믿지 않는 자들로부터 "당신들의 기도가 응답된다는 것을 우리가 안다"는 말을 듣지 못하는 것입니까? 전 세계에 흩어져 있는 선교사들이여, 귀 기울여 들어 보십시오! (이 말이 모든 선교사들의 귀에 들어가서 그들의 심령으로 분발할 수 있게 했으면 좋겠습니다!) 우리 각 사람이 우리가 지금 말하고 있는 저 헌신된 여자 선교사와 동일한 강력한 믿음을 갖게 되는 것이 하나님이 간절히 원하시는 것이고, 우리가 사랑하는 구주 예수 그리스도께서 간절히 원하시는 것입니다.

우리가 사랑하는 아버지께서는 자신의 자녀들 중 어느 한 사람이라도 잠시나마 염려하거나 자신에게 필요한 것을 받지 못하는 일이 생기는 것을 원하지 않으십니다. 우리가 처한 곤경이 아무리 크고, 우리에게 필요한 것들이 아무리 많을지라도, 하나님이 우리에게 명령하신 방식대로 우리가 "하나님을 검증하고" 시험해 보기만 한다면, 우리는 하나님이 우리에게 주고자 하시는 모든 복을 둘 곳이 부족할 정도로 다 받아 누리게 될 것입니다(말 3:10).

> 예수님은 우리에게 어떤 친구입니까,
> 우리의 모든 죄와 슬픔을 다 짊어지신 친구가 아닙니까!
> 우리는 예수님 안에서 어떤 특권을 누리고 있습니까,
> 기도 안에서 모든 것을 하나님께 가져갈 수 있는 특권이 아닙니까!
> 우리는 흔히 평안을 상실하고,
> 쓸데없는 고통을 짊어지지만,
> 그 모든 것은 우리가 기도 안에서 모든 것을
> 하나님께 가져가지 않기 때문입니다.

또는, 그 모든 것은 우리가 하나님의 말씀을 믿지 않고 "모든 것을 스스로 짊어지려고" 하기 때문입니다. 왜 우리에게는 하나님을 믿고 신뢰하는 것이 그토록 어렵게 생각되는 것입니까? 하나님이 단 한 번이라도 우리를 실망시키신 적이 있습니까? 하나님은 "그리스도의 이름으로" 순전한 마음에서 드리는 우리의 모든 간구에 응답해 주시겠다고 거듭거듭 반복적으로

약속하지 않으셨습니까? "내게 구하라." "너희는 기도하라." "나를 검증해 보라." "나를 시험해 보라." 성경 속에는 믿는 자들의 기도에 하나님이 응답 하신 내용으로 가득합니다. 그것들은 놀랍고 기이한 응답들, 이적을 통한 응답들입니다. 그런데도 우리의 믿음은 우리를 실망시키고, 우리는 하나님 을 불신함으로써 하나님을 욕되게 합니다!

> 우리의 믿음이 좀 더 단순해지기만 한다면,
> 우리는 하나님의 말씀을 있는 그대로 받아들이게 될 것이고,
> 우리 주님의 풍성한 은택 속에서
> 우리의 삶은 온통 햇살일 것입니다.

우리의 믿음이 단순해지고, "온 몸이 밝으려면," 우리의 눈이 "성해서" 한 곳만 바라보아야 합니다(마 6:22). 그리스도가 우리의 유일한 주인이 되어 야 합니다. 우리가 하나님과 재물을 동시에 섬기려고 한다면, 염려와 걱정 으로부터 자유롭게 되는 것을 기대할 수 없습니다(마 6:24-25). 또한, 그럴 때 에만 우리는 승리하는 삶으로 되돌아가게 됩니다! 우리의 몸을 "하나님이 기뻐하시는 거룩한 산 제물로" 드리고(롬 12:1), 우리의 지체들을 "의에게 종 으로 내주어 거룩함에 이르게" 할 때(롬 6:19), 하나님은 자기 자신을 우리에 게 나타내시고, "하나님의 모든 충만하신 것으로" 우리를 충만하게 하십니 다(엡 3:19).

진정한 믿음이라는 것은 단지 하나님이 기도에 응답하실 수 있다는 것 만을 믿는 것이 아니라, 실제로 응답하신다는 것을 믿는 것임을 명심해야

합니다. 우리는 기도하는 데 더디고 나태할 수 있지만, "주의 약속은 어떤 이들이 더디다고 생각하는 것 같이 더딘 것이 아닙니다"(벧후 3:9). 이것은 놀라운 말씀이 아닙니까?

인도의 도나부르(Dohnavur)의 선교사였던 에이미 카마이클이 우리에게 들려 준 다음과 같은 이야기는 아마도 하나님을 시험해 본 사례들 중에서 가장 이례적이고 특별한 경우일 것입니다. 그 일은 가까운 산마루에 쉼터로 사용할 집을 구입하는 과정에서 일어났습니다. 그렇게 하는 것이 옳은 일일까? 그것은 오직 하나님만이 결정할 수 있었습니다. 많은 기도가 드려졌습니다. 마침내 그들은 그 집을 사는 것이 하나님의 뜻이라면, 거기에 소요되는 백 파운드라는 금액을 정확히 주시라는 기도를 드렸습니다. 그리고 정확히 그 금액에 해당하는 돈이 즉시 들어왔습니다. 하지만 그들은 여전히 망설였습니다.

두 달 뒤에 그들은 자신들이 그 집을 사는 것을 하나님이 원하시면 똑같은 표적을 다시 한 번 주시라고 기도했습니다. 바로 그 날 백 파운드 수표 한 장이 또다시 들어왔습니다. 그런데도 그들은 이 일을 진행하기를 꺼렸습니다. 하지만 며칠 뒤에 이번에는 그 집을 구입하는 데 사용하라고 드리는 헌금이라고 구체적인 용도가 지정된 백 파운드 수표 한 장이 들어왔습니다.

은혜가 풍성하신 우리의 구주께서 이토록 인자하시고 자상하시다는 것을 생각할 때, 우리의 마음은 기쁨으로 차고 넘치지 않습니까? 의사였던 누가는 우리에게 하나님이 "인자하시다"고 말합니다(눅 6:35). 사랑은 언제나 "인자하고"(고전 13:4, 개역개정에는 "온유하며"), 하나님은 사랑이십니다. 당신이 기도할 때, 이것을 곰곰이 묵상하십시오. 우리 주님은 "인자하십니다." 우리가 간구할 때, 하나님은 그 인자하심으로 말미암아 우리를 도우십니다. 우리의 믿음이 비틀거릴 때, 바로 그 인자하심으로 말미암아 하나님은 우리를 오래도록 참아 주십니다: "하나님이여 주의 인자하심이 어찌 그리 보배로우신지요"(시 36:7); "주의 인자하심이 생명보다 나으므로"(시 63:3).

하지만 애석하게도 우리는 그런 단순한 믿음으로 기도하여 응답받은 일들에 대해 읽고 "정말 놀랍구나!"라고 말하고는, 하나님이 우리 각 사람에게 그러한 믿음과 그러한 기도를 원하신다는 것을 잊어버린다는 것입니다. 하나님은 사람을 편애하시는 분이 아닙니다! 하나님은 내가 기도하기를 원하시고, 당신이 기도하기를 원하십니다. 하나님은 우리가 앞에서 설명한 그런 일들이 일어나게 하시고, 우리로 하여금 그런 일들을 알게 하시는 것은 우리를 깜짝 놀라게 하시기 위한 것이 아니라, 우리도 똑같이 그렇게 하도록 우리를 격려하시고 동기를 부여하시기 위한 것입니다.

나는 종종 사람들이 기도에 대해 이런저런 규칙들을 만들어서 기도에 제약을 가하고 있는 것들을 그리스도인들이 다 잊어버렸으면 좋겠다는 생각을 종종 합니다! 단순해지십시오. 자연스러워지십시오. 하나님의 말씀을 있는 그대로 받아들이십시오. "우리 구주 하나님의 자비와 사람 사랑하심"이 나타났다는 것을 기억하십시오(딛 3:4). 때때로 하나님은 사람들을 기도의 삶으로 인도하십니다. 하지만 어떤 때에는 우리를 그런 삶으로 강권적으로 몰아가시기도 합니다.

우리 중 어떤 사람들은 거의 기도 없이 살아 온 우리의 삶을 되돌아보면서, 하나님의 인자하심과 "그리스도의 인내"를 생각하고서는(살후 3:5), 놀라움과 기쁨의 전율이 우리를 엄습하는 것을 느낍니다. 기도 없이 살아 온 우리의 삶은 정말 끔찍한 삶이 되었어야 마땅하지 않습니까? 그럼에도 불구하고 우리는 하나님을 실망시키지만, 그 이름이 찬송받으시기에 합당하신 하나님은 결코 우리를 실망시키지 않으셨고, 앞으로 결코 우리를 실망시키지 않으실 것입니다. 우리는 하나님을 의심하고, 하나님의 사랑과 섭리와 인도하심을 불신합니다. 우리는 "길에서 기진합니다"(막 8:3). 우리는 하나님이 우리를 이끄시는 길에 대해 불평합니다. 하지만 하나님은 그 길에서 내내 우리를 복주시고, 쌓아둘 곳이 없을 정도로 수많은 복을 우리에게 부어 주시고 싶어 하십니다(말 3:10).

그리스도께서 우리에게 주신 다음과 같은 약속은 여전히 유효합니다: "내 이름으로 무엇이든지 내게 구하면 내가 행하리라"(요 14:14).

> 기도는 모든 것을 바꾸어 놓습니다.
> 하지만 우리는 눈멀고 둔해서
> 주님을 믿고 신뢰하는 사람들에게 주어지는 복을
> 맛보지도 보지도 못합니다.
> 그러나 이후로는 하나님을 곧이곧대로 믿고자 합니다.

제5장
기도란 무엇인가?

　복음전도자 무디가 한 번은 에든버러(Edinburgh)에서 열린 어린이들의 집회에서 말씀을 전하신 적이 있습니다. 처음에 그들의 주의를 집중시키기 위해 "기도가 무엇일까요"라는 질문을 던졌습니다. 그들에게 어떤 대답을 기대한 것은 아니었고, 자신이 스스로 질문을 던지고 스스로 대답할 요량이었습니다.

　하지만 놀랍게도 그 강당 여기저기에서 수십 명의 손이 올라갔습니다. 무디는 그 중 한 소년을 가리키며 한 번 대답해 보라고 말했습니다. 그러자 즉시 그 소년의 입에서 명료하고 정확한 대답이 나왔습니다: "기도는 우리의 죄를 고백함과 동시에 하나님이 우리에게 베풀어 주신 은혜들을 인정하고 감사하는 가운데 하나님의 뜻에 부합하는 우리 마음의 소원들을 그리스도의 이름으로 하나님께 올려드리는 것입니다." 그 모습을 본 무디는 기뻐하며 이렇게 평했습니다: "얘야, 네가 스코틀랜드에서 태어난 것을 하나님께 감사하거라." 그러나 이 일은 반세기 전에 있었던 일입니다. 오늘날 무디가 그런 질문을 던지셨다면 아이들로부터 어떤 대답을 들었을까요? 영국의 아이들 중에서 기도가 무엇인지를 정의하고 대답할 수 있는 아이가 몇이나 될까요? 당신이라면 어떤 대답을 했을 것인지를 잠시 생각해 보십시오.

우리가 기도라고 말할 때, 그것은 무엇을 의미합니까? 내 생각에는, 거의 모든 그리스도인들이 "기도는 하나님께 무엇을 구하는 것"이라고 대답할 것입니다. 그러나 사실 기도는 어떤 사람의 표현을 빌자면 단지 "하나님으로 하여금 우리를 위해 심부름을 하시게 만드는" 것이 아니라, 그것을 훨씬 뛰어넘는 것입니다. 기도는 거지가 부자집 문을 두드리는 것과는 차원이 다른 것입니다.

"기도"라는 단어는 하나님을 향하여 무엇인가를 "기원하는 것"을 의미합니다. 참된 기도가 구하는 것은 오직 하나님뿐입니다. 왜냐하면, 우리에게 필요한 모든 것이 하나님께 있기 때문입니다. 기도는 단지 "우리의 심령을 하나님께로 향하는 것"입니다. 다윗은 기도는 살아 있는 심령을 살아 계신 하나님께로 드는 것이라고 묘사합니다: "여호와여 내가 나의 심령을 당신께로 드나이다"(시 35:1, 개역개정에는 "여호와여 나의 영혼이 주를 우러러보나이다"). 이것은 기도에 대한 얼마나 아름다운 묘사입니까? 우리가 주 예수님이 우리 심령을 바라보시기를 원할 때, 그것은 그의 저 아름다우신 거룩하심이 우리에게 임하게 되기를 원하는 것이기도 합니다.

우리가 기도 안에서 우리의 심령을 하나님께로 들어올릴 때, 하나님은 우리 안에서 및 우리와 더불어서 그가 원하시는 일을 행하실 기회를 얻게 됩니다. 그것은 우리 자신을 하나님의 처분에 내어 맡기는 것입니다. 하나님은 언제나 우리 편에 서 계시지만, 우리가 언제나 하나님 편에 서 있는 것은 아닙니다. 그렇기 때문에, 우리가 기도할 때, 하나님 쪽에서는 그 때가 기회입니다. 시인은 이렇게 말합니다:

말로 표현된 것이든 표현되지 않은 것이든,

기도는 심령의 진실한 소원이고,

가슴 속에서 떨고 있는

감춰진 불의 움직임입니다.

옛적의 유대인 신비가는 "기도는 하늘과 땅이 서로 입 맞추는 순간"이
라고 말합니다.

따라서 기도는 하나님을 설득해서 우리가 원하는 것을 하시게 하는 것
이 아님은 분명합니다. 기도는 내키지 않아 하시는 하나님을 설득하여 자
신을 뜻을 접고 우리의 뜻을 따르시게 하는 것이 아닙니다. 기도는 하나님
으로 하여금 능력으로 역사하시게 하는 것이기는 하지만, 하나님의 뜻이나
목적을 바꾸어 놓는 것은 아닙니다. 트렌치(Trench) 대주교는 "우리는 기도
는 하나님이 내키지 않아 하시는 것을 하시도록 하는 것이라고 생각해서는
안 되고, 하나님이 가장 원하시는 것을 하실 수 있으시도록 해 드리는 것이
라고 인식해야 한다"고 말합니다.

왜냐하면, 하나님은 언제나 우리에게 가장 복되고 유익한 것을 행하고
자 하시기 때문입니다. 우리가 무지 가운데서 눈이 멀어서 기도를 드린다
고 하여도, 하나님은 그러한 원칙에서 변함이 없으십니다. 물론, 우리가 우
리에게 해로운 어떤 것을 해 달라고 집요하게 기도하는 경우에는, 하나님
이 우리가 막무가내로 달라고 조르는 것을 주셔서 그것으로 인해 고통을 겪
게 하십니다. 시편 기자는 "여호와께서는 그들이 요구한 것을 그들에게 주
셨을지라도 그들의 영혼은 쇠약하게 하셨도다"(시 106:15). 그들은 그러한

"쇠약함"을 자초한 것이고, "자신들이 원하는 기도 응답을 하나님께 강요함으로써 저주를 받은" 것입니다.

어떤 사람들은 기도는 오직 무슨 일이 생겨서 절박하게 되었을 때에만 하는 것이라고 생각합니다! 어떤 위험이 닥쳐올 것 같거나 병에 걸렸거나 꼭 필요한 것들이 없거나 어려움들이 있을 때, 그들은 기도합니다. 갱도에 들어간 불신자들처럼, 그들은 갱도가 무너져 내리기 시작했을 때에야 비로소 기도하기 시작했습니다. 옆에서 그 모습을 조용히 지켜 본 한 나이 든 그리스도인이 이렇게 말했습니다: "사람을 기도하게 만드는 데는 석탄더미만한 것이 없네그려."

하나님께 어떤 것을 구하는 것은 우리가 하나님을 전적으로 의지해야만 살아갈 수 있다는 것을 깨우쳐 준다는 점에서 기도의 아주 소중한 부분이기는 하지만, 기도는 그런 것을 훨씬 뛰어넘는 것입니다. 기도는 하나님과 교제하고 소통하며 대화하는 것이기도 합니다. 우리는 사람들과 대화함으로써 그들을 알게 됩니다. 마찬가지로, 우리는 하나님과 대화함으로써 하나님을 알게 됩니다. 기도에서 얻을 수 있는 최상의 결과는 해악으로부터 건짐을 받는 것이나 우리가 원하던 어떤 것을 얻게 되는 것이 아니라, 하나님을 알게 되는 것입니다. "영생은 곧 유일하신 참 하나님……을 아는 것이니이다"(요 17:3). 그렇습니다. 기도는 하나님에 대해 더 많은 것들을 발견해 내고, 그것은 우리의 심령의 가장 위대한 발견입니다. 사람들은 여전히 "내가 어찌하면 하나님을 발견하고 그의 처소에 나아가랴"(욥 23:3)고 부르짖습니다.

무릎으로 살아가는 그리스도인은 언제나 하나님을 "발견하고" 하나님에 의해 발견됩니다. 다메섹으로 가던 다소의 사울은 주 예수님으로부터 나온 하늘의 광채로 말미암아 눈이 멀었지만, 나중에 그가 예루살렘 성전에서 기도할 때 탈혼 상태로 들어가서 예수님을 보았다고 말합니다: "내가……주를 보았다"(행 22:18, 개역개정에는 "보매 주께서 내게 말씀하시되"). 그 때에 그리스도께서는 그에게 이방인들에게로 가라는 큰 사명을 주셨습니다. 하늘로부터 주어지는 환상은 언제나 부르심을 받고 사역으로 나아가기 위한 전조입니다. 이사야 선지자가 그랬습니다: "내가 본즉 주께서 높이 들린 보좌에 앉으셨는데 그의 옷자락은 성전에 가득하였고"(사 6:1). 선지자가 성소에서 기도하고 있을 때, 이 일이 일어난 것이 분명합니다. 이 환상도 섬김으로의 부르심의 전주곡이었습니다. 그런데 우리는 기도하지 않고서는 하나님이 주시는 환상을 볼 수 없습니다. 그리고 환상이 없는 곳에서는 심령들은 죽어 갑니다.

하나님을 보는 것! 로렌스(Lawrence) 형제는 전에 이렇게 말했습니다: "기도는 하나님의 임재에 대한 지각 이외의 다른 것이 아니다." 그리고 기도는 바로 하나님의 임재의 실제입니다.

호레이스 부쉬넬(Horace Bushnell)이 기도하고 있을 때, 그의 한 친구가 그 옆에 있었습니다. 거기에서 하나님이 가까이 계신다는 놀라운 지각이 그에게 엄습해 왔습니다. 그는 이렇게 말합니다: "호레이스 부쉬넬이 손으로 자신의 얼굴을 감싸 쥐고 기도하고 있을 때, 나는 하나님을 만지게 될 것이 두려워서 어둠 속에 내 손을 뻗기가 겁이 났습니다." 옛적의 시편 기자는 하나님의 그런 임재를 지각하고서 "나의 영혼아 잠잠히 하나님만 바라라"(시 62:5)고 외쳤던 것이 아닐까요? 나는 기도에서 우리의 실패의 많은 부분은 우리가 "기도란 무엇인가"라는 질문을 제대로 들여다보지 않는 데 있다고 믿습니다. 우리가 언제나 하나님의 임재 안에 있다는 것을 지각하는 것은 좋은 일입니다. 하나님을 관조하며 경배하는 것은 더 좋은 일입니다. 그러나 친구로서 하나님과 교제하고 소통하며 대화하는 것은 가장 좋은 일이고, 그것은 기도입니다.

최고의 가장 좋은 진정한 기도는 우리의 심령이 하나님을 갈망하는 것, 오직 하나님만을 갈망하는 것입니다. 진정한 기도는 위에 있는 것들을 사모하는 사람들의 입술로부터 나옵니다. 친첸도르프(Zinzendorf)는 진정으로 기도의 사람이었습니다. 왜입니까? 그는 하나님의 선물들이 아니라 그 선물들을 주시는 하나님 자신을 구하였습니다. 그는 이렇게 말했습니다: "내가 간절히 원하는 것이 하나 있습니다. 그것은 하나님, 오직 하나님입니다." 이슬람교도조차도 그러한 생각을 갖고 있는 것으로 보입니다. 그들은 기도에는 세 단계가 있다고 말합니다. 가장 낮은 단계는 입술로만 하는 기도이고, 다음 단계는 우리가 결연한 의지로 우리의 생각을 신적인 것들에만 몰입하는 데 성공한 기도이며, 가장 높은 단계는 우리의 심령이 하나님으로부터 떠나기가 어렵다는 것을 발견하는 기도라는 것입니다.

물론, 우리는 하나님이 우리에게 하나님께 "구하라"고 명령하셨다는 것을 압니다. 우리 모두는 하나님의 그 명령에 순종하고, 기도는 하나님을 기쁘시게 함과 동시에 우리에게 필요한 모든 것들을 공급해 주는 것이라고 확신합니다. 어떤 아이가 아버지에게서 어떤 것을 얻고 싶은 것이 있는데도, 단지 아버지가 자기 곁에 있어 주기만을 구한다면, 그는 이상한 아이일 것입니다! 그러나 우리 모두는 단순히 어떤 것들을 구하는 것보다 더 높은 차원의 기도를 드리기를 갈망하지 않습니까? 그런 기도는 어떻게 가능할까요?

내가 보기에는 오직 두 가지가 필요합니다. 아니, 두 가지 생각이라고 말하는 것이 더 나을 것 같습니다. 무엇보다도 먼저 하나님의 영광에 대한 깨달음이 있어야 하고, 다음으로는 하나님의 은혜에 대한 깨달음이 있어야 합니다. 우리는 종종 이렇게 노래합니다:

> 은혜와 영광은 당신에게 흘러나오나이다.
> 단비를 내려 주소서, 주여, 내게 은혜와 영광의 단비를
> 내려 주옵소서.

어떤 사람들은 하나님의 영광이 기도와 무슨 상관이 있느냐고 반문할지 모르겠지만, 은혜와 영광의 단비를 내려 달라는 소원은 허구적이고 비현실적인 것이 아닙니다.

우리는 우리의 기도를 받으시는 분이 누구신지를 기억해야 하지 않겠습니까? 두 연으로 된 다음과 같은 시가 그것을 잘 보여 줍니다.

> 그대는 왕이신 분에게로 나아오고 있고,
> 그대의 손에는 수많은 간구들이 들려 있다네.
> 그분의 은혜와 능력은 끝이 없어서,
> 그 누가 아무리 많은 간구를 들고 와도 다 들어주실 수
> 있기 때문이라네.

당신은 우리 중에 하나님의 지극히 크신 영광을 깊이 묵상하고 놀라워하는 데 충분한 시간을 드리는 사람이 단 한 사람이라도 있다고 생각합니까? 당신은 우리 중에 "은혜"라는 단어의 온전한 의미를 파악하고 깨우친 사람이 단 한 사람이라도 있다고 생각합니까? 당신은 우리의 기도가 그토록 자주 열매도 없고 능력도 없으며, 심지어 우리가 기도 없이 살아가는 이유가 무엇이라고 생각합니까? 그것은 우리가 나아가고 있는 하나님의 위엄과 영광을 생각하지도 않고, 우리가 길어 올리기를 원하는 그리스도 예수 안에 있는 하나님의 영광의 지극히 부요하심을 깊이 묵상하지도 않고서, 아무런 준비도 되어 있지 않은 가운데 아무 생각 없이 하나님의 임재 속으로 무작정 뛰어들기 때문입니다. 우리는 "하나님이 어떤 분이신지를 차고 넘치게 생각해야" 합니다.

이것은 우리가 하나님 앞에 우리가 구하는 것들을 가져다 놓기 전에, 먼저 하나님의 "영광"과 "은혜"를 깊이 묵상해야 한다는 것을 보여 줍니다. 왜냐하면, 하나님은 이 두 가지를 우리에게 주시기 때문입니다. 우리는 우리의 심령을 하나님께로 들어올려야 합니다. 우리는 우리 자신을 하나님의 임재 안에 두고서, 만왕의 왕이자 만주의 주이시며 "오직 그에게만 죽지 아니함이 있고 가까이 가지 못할 빛에 거하시고……그에게 존귀와 영원한 권능을 돌리는" 것이 마땅한 분께 우리의 기도를 드려야 합니다(딤전 6:16). 그리고 그런 후에는 그의 지극히 크신 영광으로 말미암아 그에게 경배와 찬송을 드려야 합니다. 우리를 거룩하게 성별해서 우리 자신을 드리는 것만으로는 충분하지 않고, 경배가 있어야 합니다.

스랍들은 "거룩하다 거룩하다 거룩하다 만군의 여호와여 그의 영광이 온 땅에 충만하도다"고 외칩니다(사 6:3). "수많은 천군"은 "지극히 높은 곳에서는 하나님께 영광이요"라고 큰 소리로 찬송합니다(눅 2:14). 하지만 우리 중에는 잠시 멈춰 서서 "발에서 신을 벗어야" 하는데도, 그렇게 하지 않고서 하나님과 교제하려고 하는 사람들이 있습니다(출 3:5).

입술들이 "하나님은 긍휼에 풍성하시다"고 외치지만,
"하나님은 찬송받으시기에 합당하시다"고 외치지는 않나이다.
우리로 하여금 하나님을 경배하며 찬양하게 하소서.

그리고 우리는 담대하게 하나님의 영광에 다가갈 수 있습니다. 주님은 자신의 제자들이 그의 영광을 볼 수 있게 해 달라고 기도하지 않으셨습니까(요 17:24)? 왜입니까? 그리고 왜 "그의 영광이 온 땅에 충만합니까"(사 6:3)? 망원경 앞에서는 하나님의 무한하신 영광이 드러나고, 현미경 앞에서는 하나님의 지극한 영광이 드러납니다. 그런 도구들을 굳이 사용하지 않아도, 우리의 육안만으로도 우리 앞에 펼쳐진 풍광과 햇빛과 바다와 창공에서 하나님의 놀라운 영광을 볼 수 있습니다. 이 모든 것은 무엇을 의미합니까? 그러한 것들은 하나님의 영광을 단지 부분적으로 드러내고 있을 뿐입니다. 주님이 "아버지여……아들을 영화롭게 하사……아버지여……나를 영화롭게 하소서"라고 기도하신 것은 자기과시욕 때문이 아니었습니다(요 17:1, 5). 우리의 사랑하시는 주님은 우리로 하여금 그가 무한히 신뢰할 만한 분이시고 무한한 능력을 지니신 분이라는 것을 깨닫게 하심으로써, 우리가 무조건적으로 믿고 신뢰하는 가운데 그에게로 나아올 수 있게 되기를 원하신 것이었습니다.

이사야 선지자는 장차 그리스도께서 오실 것임을 알리면서, "여호와의 영광이 나타나고 모든 육체가 그것을 함께 보리라"(사 40:5)고 선포하였습니다. 우리가 제대로 올바르게 기도할 수 있기 위해서는, 그 영광을 엿보아야 합니다. 그래서 주님은 "너희는 이렇게 기도하라 하늘에 계신 우리 아버지여 이름이 거룩히 여김을 받으시오며"(마 6:9)라고 말씀하셨습니다. 우리의 두려움과 의심을 사라지게 하는 데는 하나님의 영광을 엿보는 것만큼 확실한 것이 없습니다. 우리가 간구들을 드리기 전에, 옛적의 몇몇 성도들이 하나님을 찬송하는 데 사용했던 문구들을 사용해서 하나님께 경배를 드리는 것은 우리에게 도움이 될까요? 경건하고 독실한 심령들은 그런 도움을 필요로 하지 않습니다. 아시시의 프란체스코(Francis of Assisi)는 자주 아베르노산 꼭대기에 올라가서 한두 시간씩 기도를 드렸는데, 그 때에 그의 입에서는 간간이 "하나님"이라는 말만이 반복해서 흘러나왔을 뿐이라고 합니다. 그는 경배로 기도를 시작했고, 흔히 거기에서 멈췄습니다!

그러나 우리 중 대부분에게는 하나님을 합당하게 찬송하고 경배하기 위해서는 눈에 보이지 않으시는 하나님의 영광을 깨닫게 해 줄 어떤 도움이 필요합니다. 윌리엄 로(William Law)는 이렇게 말했습니다: "기도하기 시작할 때, 당신으로 하여금 하나님의 크심과 능력을 자각할 수 있게 해 줄 수 있는 하나님의 속성들을 표현하는 말들을 사용하십시오."

이 점은 이루 말할 수 없이 중요하기 때문에, 우리는 독자들에게 도움이 되는 단어들을 상기시켜 드리고자 합니다. 우리 중에는 "성부와 성자와 성령께 영광이 있으시기를"이라고 말함으로써 우리의 시선을 하늘로 들어올리는 것으로 하루를 시작하는 사람들이 있습니다. "지극히 거룩하신 주 하나님, 지극히 능력이 많으신 주여, 거룩하시고 긍휼이 풍성하신 구주시여"라는 기도도 흔히 우리 심령이 엄숙한 경외심을 갖추고 거룩한 경배의 상태가 되게 하기에 충분합니다.

성찬식에서 부르는 대영광송(Gloria in Excelsis)도 우리의 심령을 대단히 고양시켜 줍니다: "높은 곳에 계신 하나님께는 영광이요 땅에는 평화라……우리가 주를 찬송하고 송축하며 예배드리고 영광을 돌립니다. 주 하나님, 하늘에 계신 왕, 전능하신 하나님 아버지께, 우리가 주의 크신 영광을 인하여 주께 감사를 드리나이다."

우리 중에서 이와 같은 찬송을 마음으로부터 드리는데도, 아무런 감동도 느끼지 못하고, 전능하신 주 하나님의 임재와 놀라우신 위엄을 지각하지 못할 사람이 누가 있겠습니까? 찬송가 가사도 이러한 목적에 기여할 수 있습니다.

나의 하나님이여, 주는 어찌 이리 경이로우시고,
주의 위엄은 어찌 이리 눈부신지요.
불타는 빛의 깊은 곳에 있는
주의 은혜의 자리는 또 어찌 이리 아름다우신지요.
……
주의 모습은 지극히 경이롭고 놀라우며
아름다우실 것이니이다.
주의 끝없는 지혜, 무한한 능력,

경외감을 불러일으킬 정도의 순결하심.

이런 찬송가 가사는 우리를 천상의 세계로 데려 줍니다. 그리고 다음과 같은 가사도 마찬가지입니다:

"거룩, 거룩, 거룩 전능하신 주 하나님!
주께서 지으신 모든 것들이 땅에서, 하늘에서, 바다에서
주의 이름을 찬송하나이다."

우리는 "내 영혼이 주를 찬양하며 내 마음이 하나님 내 구주를 기뻐하고" 있다고 자주 외칠 필요가 있습니다(눅 1:46-17). 우리는 시편 기자의 심령을 우리의 것으로 삼아서 다음과 같이 노래할 수 있습니까? "내 영혼아 여호와를 송축하라 내 속에 있는 것들아 다 그의 거룩한 이름을 송축하라"(시 103:1); "내 영혼아 여호와를 송축하라 여호와 나의 하나님이여 주는 심히 위대하시며 존귀와 권위로 옷 입으셨나이다"(시 104:1). 언제 우리는 시편 기자가 "그의 성전에서 그의 모든 것들이 말하기를 영광이라 하도다"(시 29:9)고 고백한 것을 알게 될까요? 우리도 "영광"이라고 외칩시다!

하나님에 대한 그러한 예배와 경배와 찬송과 감사는 우리의 심령을 기도할 수 있는 상태로 만들어줄 뿐만 아니라, 어떤 신비로운 방식으로 하나님이 우리를 위해 역사하시는 것을 돕습니다. 당신은 "감사로 제사를 드리는 자가 나를 영화롭게 하나니 그의 행위를 옳게 하는 자에게 내가 하나님의 구원을 보이리라"(시 50:23)는 저 놀라운 말씀을 기억하십니까? 찬송과 감

사는 하늘의 문을 열어서 내가 하나님께로 가까이 나아갈 수 있게 해 줄 뿐만 아니라, 하나님이 내게 복 주실 수 있는 "길을 준비해 줍니다." 사도 바울은 "쉬지 말고 기도하라"(살전 5:17)고 말하기 전에 "항상 기뻐하라"(16절)고 외칩니다. 그러므로 우리의 찬송은 우리의 기도와 마찬가지로 쉬지 말아야 합니다.

죽은 나사로를 다시 살리실 때 주님의 기도하시는 입에서 가장 먼저 나온 것은 감사였습니다: "아버지여 내 말을 들으신 것을 감사하나이다"(요 11:41). 주님은 자기를 둘러싸고 있던 무리들을 위해서 그렇게 하신 것이고, 우리에게 들으라고 그렇게 하신 것이었습니다.

당신은 아마도 우리가 기도하기 위하여 무릎을 꿇었을 때 하나님의 크신 영광을 인하여 특별히 하나님께 감사해야 하는 이유, 그리고 그 영광을 생각하고 바라보는 데 시간을 드려야 하는 이유가 궁금할 것입니다. 그러나 하나님은 영광의 왕이 아니십니까? 하나님의 존재 전체와 하나님이 행하시는 모든 것이 영광입니다. 하나님의 거룩하심도 "영광스럽고"(출 15:11), 하나님이 하시는 일도 "영광스러우며"(시 19:1), 하나님의 이름도 영광스럽고(신 28:58), 하나님의 능력도 영광스러우며(골 1:11), 하나님의 음성도 영광스럽습니다(사 30:30).

크고 작은 모든 피조물들,
모든 것이 찬란하고 아름다우며,
모든 것이 지혜롭고 경이롭사오니,
주 하나님께서 그 모든 것들을 지으셨음이니이다.

하나님은 이 모든 것들을 자신의 영광을 위하여 지으셨습니다: "이는 만물이 주에게서 나오고 주로 말미암고 주에게로 돌아감이라 그에게 영광이 세세에 있을지어다"(롬 11:36). 그리고 우리에게 기도 안에서 그에게로 나아오라고 명령하시는 분은 바로 이 하나님이십니다. 이 하나님이 우리의 하나님이시고, "사람들에게 줄 선물들"을 가지고 계신 분입니다(시 68:18, 개역개정에는 "선물들을 사람들에게서 받으시며"). 하나님은 "내 이름으로 불려지는 모든 자"는 "내가 내 영광을 위하여 창조한 자"라고 말씀하십니다(사 43:7). 하나님은 자신의 교회를 거룩하고 흠이 없는 "영광스러운" 교회가 되게 하십니다(엡 5:27). 당신은 주 예수님이 우리가 그 안에서 보는 영광을 우리와 공유하기를 원하신다는 것을 온전히 알고 있었습니까? 그것은 주님이 자신의 구속받은 자들인 여러분과 내게 주시는 큰 선물입니다.

내 말을 믿으십시오. 우리는 하나님의 영광을 더 많이 가질수록, 하나님의 선물들을 덜 구하게 될 것입니다. 단지 "그 날에 그가 강림하사 그의 성도들에게서 영광을 받으실"(살후 1:10) 때 우리에게 영광이 주어지게 될 뿐만 아니라, 지금 여기에서 오늘 우리에게 영광이 주어집니다. 주님은 우리가 그의 영광에 참여하는 자들이 되기를 원하십니다. 주님이 친히 그렇게 말씀하지 않으셨습니까? 주님은 아버지가 "내게 주신 영광을 내가 그들에게 주었사오니"(요 17:22)라고 분명하게 말씀하셨습니다. 또한, 하나님의 명령은 무엇입니까? "일어나라 빛을 발하라 이는 네 빛이 이르렀고 여호와의 영광이 네 위에 임하였음이니라"(사 60:1). 이사야 선지자는 하나님의 감동으로 거기에서 더 나아가 이렇게 선포합니다: "그의 영광이 네 위에 나타나리니"(2절).

하나님은 베드로 사도가 옛적의 제자들에 대하여 말했던 것처럼 사람들이 우리에 대하여 "영광의 영 곧 하나님의 영이 너희 위에" 계시는도다(벧전 4:14)라고 말하게 되기를 원하십니다. 그렇게 된다면, 그것은 우리의 대부분의 기도에 대한 응답이 되지 않겠습니까? 우리가 그것보다 더 나은 것을 구할 수 있습니까? 어떻게 우리가 이 영광을 얻을 수 있습니까? 어떻게 우리가 그 영광을 반사할 수 있습니까? 오직 기도의 결과로만 그렇게 할 수 있습니다. 우리가 기도할 때, 성령께서는 그리스도의 것들을 우리에게 계시해 주십니다(요 16:15).

모세가 "원하건대 주의 영광을 내게 보이소서"(출 33:18)라고 기도했을 때, 그는 그 영광을 보았을 뿐만 아니라 그 영광의 일부를 공유해서, 그의 얼굴은 그 영광의 빛으로 말미암아 광채가 났습니다(출 34:29). 우리도 "예수 그리스도의 얼굴에 있는 하나님의 영광"(고후 4:6)을 볼 때 그 영광을 얼핏 볼 뿐만 아니라 그 영광에 어느 정도 참여하게 됩니다.

그것은 기도이고, 기도의 최고의 결과물입니다. 기도 외에는 우리가 하나님의 영광에 참여하게 됨으로써, 하나님이 우리 안에서 자신의 영광을 나타내실 수 있는 다른 방법은 없습니다(사 60:21).

그리스도의 영광에 대해 자주 묵상하십시오. 그 영광을 응시하고 반사하며 받으십시오. 이것이 주님의 첫 번째 제자들에게 일어났던 일입니다. 그들은 경외심이 가득한 어조로 "우리가 그의 영광을 보았다!"고 말했습니다(요 1:14). 그러나 그 후에 무슨 일이 일어났습니까? 몇 명의 평범하고 배우지 못한 이름 없는 어부들이 그리스도의 영광을 보고 한동안 그와 함께 하였습니다. 보십시오! 그들은 그 영광에 참여하게 되었습니다. 그러자 사람들은 깜짝 놀랐는데, 그들이 아는 것은 이 제자들이 "전에 예수와 함께 있었다"는 사실뿐이었습니다(사 4:13). 우리가 사도 요한처럼 "우리의 사귐은 아버지와 그의 아들 예수 그리스도와 더불어 누림이라"(요일 1:3)고 선언할 수 있게 될 때, 사람들은 우리에 대해서도 "그들이 전에 예수와 함께 있었다"고 똑같이 말하게 될 것입니다.

우리가 기도 안에서 우리의 심령을 살아계신 하나님을 향하여 들 때, 꽃이 햇살 안에서 살아갈 때 아름답게 만개하게 되는 것이 확실하듯이, 우리가 거룩함으로 아름답게 되는 것도 마찬가지로 확실합니다. 주님도 기도하실 때 영광의 모습으로 변모되지 않으셨습니까? 우리의 삶 속에서 기도가 제자리에 있게 될 때, 우리의 용모도 바로 그런 식으로 변화 받게 될 것이고, 우리는 우리 자신의 변화산 위에 있게 될 것입니다. 그리고 사람들은 우리의 얼굴에서 "내적이고 영적인 은혜의 외적이고 가시적인 징표"를 보게 될 것입니다. 하나님과 사람에게 우리의 가치는 우리가 하나님의 영광을 다른 사람들에게 어느 정도나 드러내느냐와 정확히 비례합니다.

우리는 우리의 기도를 받으시는 분의 영광에 대해 집중적으로 살펴보느라고, 하나님의 은혜에 대해서는 별로 다루지를 못했습니다.

기도란 무엇입니까? 기도는 영적인 생명의 증표입니다. 기도하지 않는 심령에게서 영적인 생명을 기대하는 것은 죽은 사람에게서 생명을 기대하는 것과 같습니다! 우리가 얼마나 영적으로 살아가고 있고 얼마나 열매를 맺으며 살아가고 있느냐 하는 것은 언제나 우리의 기도의 실상과 정비례합니다. 그러므로 우리가 기도와 관련해서 집을 나와서 먼 곳을 헤매고 있다면, 바로 지금 "내가 일어나 아버지께 가서 이르기를 아버지 내가 하늘과 아버지께 죄를 지었사오니……"(눅 15:18)라고 고백해야 하겠다고 결심하십시오.

이 대목에서 내가 펜을 내려놓고 집어 든 책에 다음과 같은 내용이 적혀 있었습니다: "실패의 비밀은 우리가 하나님보다 사람들을 본다는 데 있습니다. 마르틴 루터(Martin Luther)가 하나님을 보았을 때, 로마 가톨릭은 두려워 떨었습니다. 조나단 에드워즈(Jonathan Edwards)가 하나님을 보았을 때, 대각성이 일어났습니다. 존 웨슬리(John Wesley)가 하나님을 보았을 때, 세계가 한 사람의 교구가 되었습니다. 휫필드(Whitfield)가 하나님을 보았을 때, 수많은 사람들이 구원을 받았습니다. 조지 뮬러(George Müller)가 하나님을 보았을 때, 수천 명의 고아들이 보살핌을 받을 수 있었습니다. 하나님은 '어제나 오늘이나 영원토록 동일하십니다'(히 13:8)."

지금은 우리가 하나님을 새롭게 볼 때가 아니겠습니까? 우리는 모든 영광 중에 계시는 하나님을 보아야 합니다. 교회가 하나님을 볼 때, 무슨 일이 일어날지 누가 알겠습니까? 그러나 우리는 다른 사람들을 기다려서는 안 됩니다. 우리 각자가 수건을 벗은 얼굴과 더럽혀지지 않은 마음으로 주님의 영광을 보아야 합니다.

"마음이 청결한 자는 복이 있나니 그들이 하나님을 볼 것임이요"(마 5:8). 내가 지금까지 만나 본 선교사들 중에서 내게 가장 깊은 인상을 주고 큰 기쁨을 준 분은 윌버 채프먼(Wilbur Chapman) 목사였습니다. 그는 한 친구에게 다음과 같이 썼습니다:

내가 기도에 대해서 몇 가지 큰 교훈을 얻었다네. 한 번은 우리가 영국에서 전도 집회를 가졌을 때, 청중이 아주 적었어. 그런데 나는 한 미국인 선교사님이 하나님께서 우리의 사역에 복 주시기를 기도하고 있다고 적힌 쪽지를 받았어. 그분은 "기도하는 하이드"로 알려져 있는 분이었지. 그 쪽지를 받은 바로 그 순간 모든 것이 바뀌었다네. 그 강당은 사람들로 꽉꽉 들어찼고, 내가 처음으로 사람들에게 그리스도를 영접하라고 초대했을 때, 오십 명의 사람들이 그리스도를 자신들의 구주로 받아들였어. 우리가 그 곳을 떠날 때, 나는 하이드 목사님에게 나를 위해 기도해 주실 것을 부탁드렸지. 그는 내 방으로 와서 문을 열고 들어와서는 갑자기 무릎을 꿇은 채로 아무 말도 없이 오 분 동안 묵묵히 있었어. 나는 내 심장이 쿵쾅거리며 뛰고 있는 소리와 그의 심장 박동 소리를 들을 수 있었어. 그리고 내 얼굴에서는 뜨거운 눈물이 흐르고 있는 것을 느꼈어. 나는 내가 하나님과 함께 있다는 것을 알았어. 그 때에 그는 눈물이 줄줄 흐르고 있는 얼굴을 위로 들어서 "오, 하나님"이라고 소리쳤어. 그런 후에 그는 또다시 적어도 오 분 동안 묵묵히 무릎을 꿇고 있었지. 그는 자기가 하나님과 대화하고 있다는 것을 알았을 때…… 그의 마음 깊은 곳으로부터 내가 전에는 들어 본 적이 없는 간구들이 흘러나왔어. 나는 나의 무릎을 일으켜 세우면서 진정한 기도가 무엇인지를 알았다네. 우리는 기도의 능력을 믿고 있고, 이전에는 단 한 번도 드려 본 적이 없는 기도라고 믿고 있다네.

채프먼 목사는 이렇게 말하곤 했습니다: "내가 진정한 기도가 무엇인지를 깨닫게 된 것은 존 하이드와 함께 기도할 때였습니다. 그는 다른 그 어떤 사람보다도 더 내게 기도의 삶이 무엇인지, 진정으로 성별된 삶이 무엇인지를 보여 주었습니다……예수 그리스도는 내게 새로운 이상(Ideal)이 되셨고, 나는 예수님의 기도의 삶을 조금 엿볼 수 있게 되었습니다. 그 때부터 지금까지 계속해서 나는 진정으로 기도하는 사람이 되고자 하는 열망을 갖게 되었습니다." 그리고 성령 하나님은 우리에게 그것을 가르쳐 주실 수 있습니다.

> 그대들에게 능력이 없는 것을 애통해하며
> 탄식하고 고민에 빠져 있다면,
> 이 온유하게 속삭이시는 음성에 귀 기울여 보십시오:
> "너희는 한 시간도 깨어 있을 수 없더냐?"
> 열매 맺는 복된 삶을 사는 데는
> 왕도가 없습니다.
> 거룩한 섬김을 위한 능력은
> 하나님과의 교제에 있습니다.

제6장

어떻게 기도해야 하는가?

어떻게 기도해야 합니까? 그리스도인에게 이것보다 더 중요한 질문이 있겠습니까? 영광의 왕 앞에 어떻게 나아가야 하는 것입니까?

기도와 관련해서 그리스도께서 약속하신 것들을 읽으면, 우리는 그가 너무나 크고 엄청난 능력을 우리 손에 두신 것이라고 생각해서, 그가 자신이 약속하신 대로 행하는 것은 불가능할 것이라고 성급하게 결론을 내리기 쉽습니다. 그리스도께서는 "너희가 원하는 것은 무엇이든지 다 구하라 그러면 이루리라"고 말씀하십니다.

그러나 주님은 거기에 단서를 달고 조건을 붙이셔서, 우리가 "그의 이름으로" 구해야 한다고 말씀하십니다. 이것은 종종 다른 말씀들로 표현되기는 하지만(이것에 대해서는 나중에 살펴볼 것입니다), 어쨌든 주님이 조건으로 제시하신 것이고, 유일한 조건이기도 합니다.

따라서 우리가 구하여도 받지 못했다면, 그 이유는 오직 우리가 이 조건을 충족시키지 못했기 때문입니다. 우리가 그리스도의 참된 제자들이 틀림없다면, 우리는 그리스도의 이름으로 구한다는 것이 무엇을 의미하는지를 알아내기 위한 수고를 아끼지 않을 것이고, 필요하다면 그 어떤 희생도 치르를 각오가 되어 있어야 합니다. 그리고 그 조건을 충족시킬 때까지는 결코 만족하지 않을 것입니다. 우리가 지금까지 말한 것을 확인하는 차원에서 그 약속을 다시 한 번 읽어 봅시다: "너희가 내 이름으로 무엇을 구하든지 내가 행하리니 이는 아버지로 하여금 아들로 말미암아 영광을 받으시게 하려 함이라 내 이름으로 무엇이든지 내게 구하면 내가 행하리라"(요 14:13-14).

이것은 완전히 새로운 것이었습니다. 왜냐하면, 주님이 친히 그렇게 말씀하셨기 때문입니다: "지금까지는 너희가 내 이름으로 아무 것도 구하지 아니하였으나 구하라 그리하면 받으리니 너희 기쁨이 충만하리라"(요 16:24).

주님은 "내 이름으로"라는 이 간단한 조건을 다섯 번도 넘게 반복해서 말씀하셨습니다(요 14:13, 14; 15:16; 16:23, 24, 26). 아주 중요한 그 무엇이 여기에 함축되어 있는 것이 분명합니다. 이것은 단순한 조건이 아니라 그 이상의 것입니다. 이것은 약속이기도 하고 격려이기도 합니다. 왜냐하면, 주님이 어떤 것을 우리에게 명령하실 때, 그것은 언제나 주님이 우리에게 그것을 할 수 있는 능력도 주시겠다고 하는 약속이기도 하기 때문입니다.

그렇다면, 그리스도의 이름으로 구한다는 것은 무엇을 의미하는 것입니까? 그것은 기도에 있어서 모든 능력의 비밀이기 때문에, 우리는 그 어떤 희생을 치르더라도 그것을 알아야 합니다. 그리고 그리스도의 이름을 잘못 사용하는 것도 가능합니다. 주님은 "많은 사람이 내 이름으로 와서 이르되 나는 그리스도라 하여 많은 사람을 미혹하리라"(마 24:5)고 말씀하셨습니다. 따라서 거기에 비추어 보았을 때, 주님은 "많은 사람이 내 이름으로 아버지께 기도하고 있다고 생각할 것이지만, 그것은 스스로를 속이는 것이고 그들 자신의 착각일 뿐이다"라고 얼마든지 말씀하실 수 있으셨을 것입니다.

그리스도께서 "내 이름으로" 구하라고 하신 것이 단지 우리의 기도 끝에 "이 모든 것을 예수 그리스도의 이름으로 기도합니다"라는 말을 덧붙이는 것을 의미하는 것일까요?

많은 사람들이 그렇게 생각하는 것으로 보입니다. 그러나 당신은 자신의 뜻과 이기적인 내용으로 가득한 기도를 드려 놓고서는 그 끝에 "그리스도의 이름으로 기도합니다. 아멘"이라는 말을 덧붙인 그런 기도를 드려 보거나 들어 본 적이 한 번도 없었습니까?

어떤 사람들이 야고보가 자신의 서신에서 언급한 그런 기도를 드린 후에 단지 그 끝에 "우리 주 예수 그리스도의 이름으로 이 모든 것을 구합니다"라는 말을 덧붙였다고 해서, 하나님이 그 기도를 들어주실 리 만무합니다. 그런 그리스도인들은 "잘못 구하고" 있는 것입니다(약 4:3). 어떤 신비적인 어구를 덧붙인다고 해서, 잘못된 기도가 올바른 기도가 될 수는 없습니다.

그리고 그런 어구를 생략한다고 해서, 올바른 기도가 잘못된 기도가 되는 것도 아닙니다. 결코 그렇지 않습니다! 올바른 기도라는 것은 말이나 단어나 어구의 문제가 아니기 때문입니다. 주님이 "내 이름으로"라고 말씀하실 때 염두에 두신 것은 어떤 정형어구를 덧붙이는 문제가 아니라 믿음과 어떤 사실들에 관한 문제였습니다. 우리가 그리스도의 이름으로 구하는 것은 "아버지로 하여금 아들로 말미암아 영광을 받으시게 하려 함"입니다(요 14:13). 잘 들으십시오! 우리가 재물이나 건강, 형통함이나 성공, 편안함이나 위로, 영적인 삶이나 열매 맺는 사역을 구하는 것은 우리 자신이 그런 것들을 향유하거나 출세하거나 명예를 얻기 위해서가 아니라, 오직 그리스도를 위하여, 즉 그리스도의 영광을 위해서입니다. "내 이름으로"라는 이 중요한 어구를 제대로 이해하기 위해서는 세 단계로 나누어서 살펴볼 필요가 있습니다.

(1) "그리스도의 이름으로"라는 표현 속에는 어떤 일들은 오직 "그리스도를 인하여," 즉 그의 대속의 죽음으로 인해서 이루어진다는 의미가 들어 있습니다. 그리스도의 대속의 죽음을 믿지 않는 사람들은 "그의 이름으로" 기도할 수 없습니다. 그런 사람들이 이 어구를 사용할 수는 있겠지만, 이 어구의 효력은 그들에게 전혀 나타나지 않습니다. 왜냐하면, 우리는 "그의 피로 말미암아 의롭다 하심을" 받고(롬 5:9), "그의 피로 말미암아 속량 곧 죄 사함"을 받기 때문입니다(엡 1:7; 골 1:14). 근래에는 모더니즘이라는 기만적인 이름 아래 유니테리언주의(Unitarianism)가 모든 분야에 침투해 있기 때문에, 그리스도께서 흘리신 피의 지위와 역사를 기억하는 것은 아주 중요합니다. 그렇지 않으면, "기도"라 불리는 것은 망상과 덫이 되어 버리고 맙니다.

복음전도자 무디의 초창기 사역에서 벌어진 일을 통해서 이 점을 예시해 보겠습니다. 대단한 지적 능력을 지니고 있던 한 불신자 판사의 아내가 무디에게 자기 남편과 얘기를 나눠 보아 달라고 통사정을 했습니다. 무디는 그 사람을 만나서, 자기는 논쟁을 하고 싶지 않다고 그에게 아주 솔직하게 말한 후에, "그러나 당신이 회심한다면, 내게 그 사실을 알려 주겠다고 약속해 주실 수 있겠습니까?"라는 말을 덧붙였습니다. 그 판사는 냉소적인 웃음을 띠고서, "그럼요, 내가 회심하는 일이 생긴다면 반드시 곧바로 당신에게 알려 드리지요"라고 대답했습니다. 무디는 기도에 의지해서 자신의 길을 갔습니다. 그 판사는 일 년도 채 못 되어서 회심했고, 약속한 대로 무디에게 자기가 어떻게 회심하게 되었는지를 말해 주었습니다.

내 아내가 기도 모임에 참석하고 있던 어느 날 밤에, 나는 갑자기 아주 불안해지면서 내 자신이 너무나 비참하게 느껴지기 시작해서, 아내가 집으로 돌아오기 전에 침실로 가서 누웠지만, 밤새도록 잠을 이룰 수 없었습니다. 다음날 아침 일찍 일어나서, 내 아내에게 아침을 먹지 않겠다고 말하고서는 내 사무실로 출근을 했습니다. 나는 직원들에게 오늘 하루 쉬라고 말한 후에, 혼자 내 사무실에 틀어박혀 있었습니다. 그러나 내 자신이 비참하게 느껴지는 것이 점점 더 심해졌습니다. 결국 나는 무릎을 꿇고서, 하나님께 내 죄를 사해 달라고 기도했지만, "예수의 이름으로"라고 말하고 싶지는 않았습니다. 나는 유니테리언주의자였고 대속을 믿지 않았기 때문입니다. 나는 고민과 번민 속에서 너무나 괴로워서 계속해서 "하나님, 내 죄를 사해 주십시오"라고 기도했지만, 그 어떤 응답도 오지 않았습니다. 마침내 나는 어쩔 수 없이 "하나님, 그리스도의 이름으로 비오니 내 죄를 사해 주십시오"라고 기도했습니다. 그러자 나는 그 즉시 평안을 찾았습니다.

그 판사는 예수 그리스도의 이름으로 구하기 전에는 하나님의 임재 앞으로 나아갈 수 없었습니다. 그가 그리스도의 이름으로 나아갔을 때, 그의 기도는 응답되었고 그는 죄 사함을 받았습니다. 그렇습니다. 주 예수님의

"이름으로" 기도하는 것은 그리스도께서 자신의 피로 우리를 위해 "사신" 것들을 구하는 것입니다. 우리는 "예수의 피를 힘입어 성소에 들어갈 담력"을 얻습니다(히 10:19). 다른 길로는 성소에 들어갈 수 없습니다.

그러나 이것은 "내 이름으로"라는 어구가 의미하는 모든 것이 아닙니다.

(2) 그리스도의 "이름으로" 나아가는 것이 무엇을 의미하는지를 보여 주는 데 사용되는 가장 친숙한 예화는 은행에서 수표로 현금을 인출하는 것과 관련된 것입니다. 나는 오직 내가 은행에 맡겨 둔 금액만큼만 내 은행계좌에서 돈을 꺼내 쓸 수 있습니다. 내 이름으로는 그 이상의 현금을 인출하는 것은 불가능합니다. 내가 영국 은행에 맡겨둔 돈이 한 푼도 없다면, 나는 그 은행에서 한 푼도 꺼내 쓸 수 없습니다. 그러나 은행에 어마어마한 돈을 맡겨 놓은 어느 아주 부유한 사람이 내게 자신이 서명한 수표를 건네주면서, 거기에 내가 필요한 만큼의 금액을 적어 넣으라고 했다고 합시다. 그는 나의 친구입니다. 이 경우에 나는 어떻게 할까요? 당연히 나는 내게 지금 필요한 만큼의 금액을 수표에 적어서 은행에 내밀지 않겠습니까? 그리고 내가 그렇게 하는 것은 내 친구에게 폐를 끼치는 것도 아니고 그 친구가 보기에 나의 품위를 떨어뜨리는 것도 아닐 것이 분명합니다.

어떤 사람들은 천국이 우리의 은행이라고 말합니다. 하나님은 은행장이십니다. 왜냐하면, "온갖 좋은 은사와 온전한 선물이 다 위로부터 빛들의 아버지께로부터 내려오기" 때문입니다(약 1:17). 이 끝도 없이 많은 것들이 쌓여 있는 은행에서 우리에게 필요한 것들을 "인출하기" 위해서는 우리에게 "수표"가 필요합니다. 우리가 기도할 때, 주 예수님은 우리에게 금액이 적혀 있지 않은 백지수표를 주시면서 말씀하십니다: "거기에 아무 금액이나 적어 넣어라. 너희가 원하는 것은 무엇이든지 구하라. 그러면 너희에게 주어질 것이다. 내가 너희에게 준 수표를 내 이름으로 은행에 내밀어라. 그러면 은행에서는 너희가 요구한 것을 들어줄 것이다."

오늘날 잘 알려진 복음전도자가 한 말로 이것을 표현해 봅시다: "이것은 내가 천국 은행에 갔을 때, 즉 내가 기도 안에서 하나님께로 나아갔을 때 일어나는 일입니다. 내가 거기에 맡겨 둔 것은 아무것도 없습니다. 거기에서 나의 신용은 전무합니다. 그렇기 때문에, 내 자신의 이름으로 가면, 나는 거기에서 아무것도 얻어낼 수 없습니다. 그러나 예수 그리스도는 천국에서 무한한 신용을 가지고 계십니다. 그리고 그는 내게 자신의 수표를 주시며 자기 이름으로 천국 은행에 가서 내가 원하는 금액을 찾을 수 있는 특권을 허락하셨습니다. 따라서 내가 기도 안에서 거기를 찾아가면, 내가 어떤 것을 구하든, 나의 기도는 이루어집니다. 그리스도의 이름으로 기도한다는 것은 나의 신용이 아니라 그리스도의 신용으로 기도한다는 것입니다."

이것은 지극히 기쁜 일이고, 어떤 의미에서 지극히 참됩니다.

정부 계좌나 어떤 부자 회사에서 발행한 수표라면, 우리는 거기에 있는 모든 것을 인출하고자 하는 유혹을 받게 될 수 있을 것입니다. 그러나 우리는 우리가 가진 모든 것을 우리에게 주신 사랑하시는 아버지, 우리의 온 마음을 다해 사랑하는 아버지, 우리가 반복적으로 무수히 만나게 될 아버지께로 나아가는 것임을 기억하십시오. 우리는 천국 은행에서 우리의 수표들을 현금화할 때 일차적으로 하나님의 존귀와 영광을 생각하기 때문에, 하나님이 기뻐하시는 것들만을 행하고 싶어 합니다. 우리의 "수표들" 중에는 그것들을 현금화해서 꺼내 쓰게 되는 경우에는, 즉 우리가 드리는 기도들 중에서 어떤 것들이 이루어지는 경우에는, 그 결과는 오직 하나님의 이름을 욕되게 하고 우리의 신용을 떨어뜨리며 우리를 안 좋게 만드는 것이 될 수 있습니다. 그래서 하나님이 갖고 계신 자원은 무한하지만, 우리는 하나님을 욕되게 하는 것들을 구해서는 안 됩니다.

그러나 경험은 논증을 불필요하게 만듭니다! 사랑하는 독자들이여, 우리 모두는 흔히 이 방법을 시도해 보았지만 그 때마다 실패를 경험하지 않았습니까?

우리 중에서 "그리스도의 이름으로" 구하고서 천국 은행에 갔다가 우리가 구한 것을 얻어내지 못한 채 빈 손으로 돌아온 적이 한 번도 없었다고 말할 수 있는 사람이 몇이나 되겠습니까? 그렇다면 우리는 도대체 어디에서 실패를 한 것일까요? 그것은 우리가 우리를 향한 하나님의 뜻이 무엇인지를 가르쳐 주시라고 구하지 않았기 때문이 아니겠습니까? 우리는 하나님의 뜻을 넘어서려고 해서는 안 됩니다.

사람들 앞에서는 한 번도 얘기하지 않은 내 자신의 아주 독특한 개인적인 경험을 말해 볼까요? 내가 겪은 그 일이 일어난 지가 벌써 삼십 년이 넘었고, 지금 나는 그 이유를 압니다. 그 일은 우리가 지금 기도에 대해서 알고자 하는 것을 아주 분명하게 예시해 줍니다.

부족한 것이 없이 유복한 한 친구가 내게 어떤 목적으로 일 파운드를 주고자 했는데, 그는 무척이나 바쁜 사람이어서, 나를 그의 사무실로 오라고 한 후에, 급하게 수표에 금액을 적어서는 접어서 내게 건네주며, "내가 이 수표에 횡선을 긋지 않았으니, 자네가 은행에서 현금으로 인출하시게"라고 말했습니다. 나는 은행에 도착해서 수표에 적힌 내 이름을 흘낏 본 후에 거기에 적힌 금액을 확인하지도 않고 배서를 해서 직원에게 건넸습니다. 그러자 직원이 나를 유심히 쳐다보면서, "이것은 창구에서 현금으로 드리기에는 다소 큰 금액인데요"라고 말했습니다. 나는 웃으며 "예, 겨우 일 파운드인데요!"라고 대답하자, 그 직원은 "아닙니다, 여기에는 천 파운드라고 적혀 있습니다!"라고 말했습니다.

내가 확인해 보니 정말 그랬습니다! 내 친구는 큰 금액의 수표를 끊는 것이 습관이 되어 있어서, "일"이라고 쓴다는 것이 그만 습관적으로 "천"이라고 쓴 것이 틀림없었습니다. 그렇다면, 나의 지위는 법적으로 어떤 것이었습니까? 그 수표는 분명히 그의 이름으로 되어 있었고, 그의 서명도 제대로 되어 있었으며, 내가 배서도 제대로 했습니다. 해당 계좌에 충분한 돈이 들어 있다면, 내가 천 파운드를 청구해서 인출하는 것은 가능한 일이었습니다. 내 친구는 그 수표를 비록 황급히 쓰기는 했어도 분명히 내게 주고자 하는 의사로 썼고, 내게 거저 주었습니다. 내가 그 선물을 받지 않을 이유가 어디 있겠습니까? 그럴 이유가 전혀 없는 것이 아니겠습니까?

그러나 나는 내가 많은 신세를 진 너그러운 친구와 거래를 하고 있는 것이었습니다. 그 친구는 내게 자신의 생각을 밝혔고, 나는 그가 무엇을 원하는지를 알고 있었습니다.

그는 내게 일 파운드를 주고자 했고, 그 이상을 주고자 한 것이 아니었습니다. 나는 그의 의도와 그의 "생각"을 알고 있었기 때문에, 지나치게 너그러운 금액이 적힌 수표를 다시 그 친구에게 돌려주었고, 그 후에 그의 뜻을 따라 그에게 일 파운드를 받았습니다. 만일 그 친구가 내게 백지수표를 주었다고 할지라도, 그 결과는 정확히 똑같았을 것입니다. 그의 의도는 내게 일 파운드를 주겠다는 것이었기 때문에, 내가 백지수표에 그 이상의 금액을 써 넣어서 은행에 청구한다면, 그것은 나를 욕되게 하는 일이 되고 말 것입니다. 이 일에서 우리는 굳이 교훈을 이끌어 낼 필요가 있겠습니까? 우리 각 사람을 향한 하나님의 뜻이 있기 때문에, 우리가 그 뜻을 알려고 하지 않는다면, 하나님은 우리에게 "일" 파운드를 주시는 것이 우리를 위해 가장 좋은 일이라는 것을 아시고 그렇게 하고자 하시는데도, 우리는 "천" 파운드를 구하는 일이 벌어질 수 있습니다. 우리는 기도를 통해서 우리의 친구이자 우리가 사랑하는 아버지 앞으로 나아갑니다. 우리가 가진 모든 것은 아버지에게서 온 것이고, 우리는 모든 면에서 아버지의 은택으로 살아갑니다. 아버지는 우리에게 우리가 필요로 하는 것이 있을 때마다 자기에게 나아오라고 명령하십니다. 아버지가 가지고 계시는 자원은 무한합니다.

그러나 하나님 아버지께서는 우리가 오직 그의 뜻을 따라 우리에게 허락하시는 것들, 즉 그의 이름에 영광을 가져다줄 것들만을 구하여야 한다는 것을 기억하라고 명령하십니다. 요한은 "그의 뜻대로 무엇을 구하면 들으심이라"(요일 5:14)고 말합니다. 따라서 우리의 친구이신 하나님은 우리에게 백지수표를 주시고 거기에 "무엇이든지" 적어 넣으라고 하시지만, 우리가 진정으로 그를 사랑한다면, 그가 우리에게 해로울 것을 아시고서 주고자 하지 않으시는 것들을 적어 넣거나 구하지 않을 것임을 아십니다.

하지만 우리 중 대다수는 아마도 그런 것과는 정반대의 방향에서 잘못을 하고 있는 것으로 보입니다. 즉, 하나님은 우리에게 백지수표를 주시고 "일 파운드를 구하라"고 말씀하시는데, 우리는 "일 실링"을 구합니다! 만일 내가 그런 식으로 했다면, 내 친구는 모욕을 당했다고 느끼지 않았겠습니까? 우리는 충분히 구하고 있습니까? 우리는 "영광 안에서 그리스도의 부요하심을 따라" 구하고 있습니까?

하지만 우리가 강조하고자 하는 것은 우리가 우리를 향한 그리스도의 뜻을 알지 못한다면 "그리스도의 이름으로" 기도하고 있다고 할 수 없다는 것입니다.

(3) 그러나 아직도 우리는 "내 이름으로"라는 어구가 의미하는 것을 다 살펴본 것이 아닙니다. 우리 모두는 다른 누군가의 "이름으로" 어떤 것을 구하는 것이 무엇인지를 압니다. 그래서 우리는 우리가 믿을 수 없는 사람이 우리의 이름을 사용하지 못하도록, 그리고 어떤 사람이 우리의 신임을 악용해서 우리의 이름을 욕되게 하지 않도록 아주 조심합니다. 엘리사가 신임하였던 종 게하시는 나아만 장군을 뒤따라가서 엘리사의 이름을 부정하게 사용했습니다. 그는 엘리사의 이름으로 한 몫을 챙겼지만, 그의 악행으로 인한 저주도 받아야 했습니다.

신임을 받는 직원은 흔히 주인의 이름을 사용해서, 큰 금액의 돈을 마치 자신의 것인 양 취급합니다. 하지만 그는 주인으로부터 신임을 받고 있는 동안에만 그렇게 할 수 있습니다. 그리고 그는 그 돈을 자기 자신을 위해서가 아니라 자신의 주인을 위해서 사용합니다. 우리의 모든 돈은 우리의 주인이신 그리스도 예수님에게 속해 있습니다. 우리는 그리스도의 영광을 위해 필요한 경우에는 하나님 앞으로 나아가서 그리스도의 이름으로 그 돈을 지출해 주시기를 요청할 수 있습니다.

내가 수취인이 나로 되어 있는 수표를 들고 현금으로 바꾸기 위해 은행에 가면, 은행 직원은 자신의 고객의 서명이 진짜이고, 내가 그 돈을 받게 되도록 지정되어 있는 사람이라는 것이 확인되면 그것으로 만족하고, 내가 어떤 사람인지를 묻지 않습니다. 그 직원에게는 내가 그 돈을 받을 만한 가치가 있는 사람인지, 또는 그 돈을 올바르게 사용할 것이라고 믿을 수 있는 사람인지를 물을 권한이 없습니다. 하지만 천국 은행의 경우는 그렇지 않습니다. 그리고 이것이 가장 중요한 점입니다. 이제부터 말하고자 하는 것들을 건성으로 넘기지 마십시오.

내가 그리스도께서 자신의 헤아릴 수 없는 부요하심에 의거해서 끊어 주신 수표를 들고 주 예수님의 이름으로 천국 은행에 가면, 하나님은 내가 "합당한" 수취인일 것을 요구하십니다. 나는 내 자신이 거룩한 하나님으로부터 어떤 것을 받을 자격이 없다는 의미에서는 "합당하지 않은" 수취인이지만, 내가 내 자신의 영광이나 유익이 아니라 오직 하나님의 영광만을 위하여 그것을 구하고 있다는 의미에서는 "합당한" 수취인이 됩니다.

그렇지 않다면, 나는 기도해도 받을 수 없습니다: "구하여도 받지 못함은 정욕으로 쓰려고 잘못 구하기 때문이라"(약 4:3).

하늘에 계신 은행장은 우리의 동기가 올바르지 않은 경우에는 우리가 들고 간 수표를 현금으로 바꾸어 주지 않습니다. 이것은 그토록 많은 사람들이 기도에서 실패하는 이유가 아니겠습니까? 그리스도의 이름은 그리스도가 어떤 분이신지를 드러내 줍니다.

"그리스도의 이름으로" 기도하는 것은 그리스도가 보내신 그의 대표자로서 그리스도를 걸고 기도하는 것이고, 그리스도의 영을 의지해서 그리스도의 뜻을 따라 기도하는 것입니다. 그것은 그리스도의 승인 아래 구하는 것이고, 그리스도가 구하시는 것을 구하는 것이며, 그리스도께서 이루어지기를 원하시는 것을 우리가 행할 수 있도록 도움을 구하는 것이고, 우리 자신의 영광을 위해서가 아니라 오직 그리스도의 영광을 위하여 그 일을 행하고자 하는 것입니다. 우리가 "그리스도의 이름으로" 기도하기 위해서는, 우리와 그리스도가 이해관계와 목적에서 일치해야 합니다. 우리의 자아와 목적과 소원이 전적으로 하나님의 성령의 지배를 받음으로써, 우리의 뜻이 그리스도의 뜻과 온전히 하나가 되어야 합니다.

우리는 "주여, 내가 주의 뜻을 마치 나의 뜻인 양 행할 수 있게 하셔서, 주께서 나의 뜻을 마치 주의 뜻인 양 행하실 수 있게 하소서"라고 부르짖었던 아우구스티누스(Augustine)와 동일한 심정이 되어야 합니다.

하나님의 자녀여, 이것이 "그리스도의 이름으로" 기도하는 것을 우리가 할 수 있는 범위를 훨씬 뛰어넘는 것으로 만들어 버리는 것처럼 보입니까? 그것은 주님의 의도가 아닙니다. 주님은 우리를 우롱하고 계시는 것이 아닙니다! 주님은 성령에 대하여 말씀하시면서 이런 표현을 사용하셨습니다: "보혜사 곧 아버지께서 내 이름으로 보내실 성령"(요 14:26). 그러니까 우리 구주께서는 우리가 전적으로 성령의 지배를 받음으로써 그리스도의 이름으로 행할 수 있게 되기를 원하신 것입니다. "무릇 하나님의 영으로 인도함을 받는 사람은 곧 하나님의 아들이라"(롬 8:14). 그리고 오직 아들들만이 하나님을 "우리 아버지여"라고 부를 수 있습니다.

주님은 다소의 사울에 대하여 이렇게 말씀하셨습니다: "이 사람은 이방인과 임금들과 이스라엘 자손들 앞에서 내 이름을 담고 있게 하기 위하여 택한 나의 그릇이라"(행 9:15, 개역개정에는 "이 사람은 내 이름을 이방인과 임금들과 이스라엘 자손들에게 전하기 위하여 택한 나의 그릇이라"). 주님은 단지 자신의 이름을 "그들에게" 전하시기 위하여 바울을 택하신 것이 아니라, "그들 앞에서" 자신의 이름을 담고 있을 그릇으로 바울을 택하신 것입니다. 그래서 사도 바울은 "그의 아들을……내 속에 나타내시기를 기뻐하셨다"(갈 1:16)고 말합니다. 우리가 그리스도의 이름을 사람들 앞에서 담고 있지 않으면, 그리스도의 이름으로 기도할 수 없습니다. 그리고 우리가 그리스도 "안에 거하고" 그의 말씀이 우리 안에 거할 때에만, 우리는 그리스도의 이름을 우리 안에 담고 있을 수 있습니다. 따라서 우리는 이런 결론에 이릅니다: 마음이 올바르지 않으면, 기도는 잘못될 수밖에 없다.

그리스도께서는 "너희가 내 안에 거하고 내 말이 너희 안에 거하면 무엇이든지 원하는 대로 구하라 그리하면 이루리라"(요 15:7)고 말씀하셨습니다.

다음 세 개의 본문이 약속하고 있는 것들은 실제로 동일합니다. 그 본문들은 동일한 생각을 서로 다른 말로 표현하고 있는 것일 뿐입니다. 그 본문들을 보십시오:

"내 이름으로 무엇이든지 내게 구하면 내가 행하리라"(요 14:13, 14).

"너희가 내 안에 거하고 내 말이 너희 안에 거하면 무엇이든지 원하는 대로 구하라 그리하면 이루리라"(요 15:7).

"그의 뜻대로 무엇을 구하면 들으심이라"(요일 5:14).

그리고 우리는 이 모든 약속들을 요한의 다음과 같은 말로 요약할 수 있습니다: "무엇이든지 구하는 바를 그에게서 받나니 이는 우리가 그의 계명을 지키고 그 앞에서 기뻐하시는 것을 행함이라"(요일 3:22). 우리가 하나님이 명령하시는 것을 행할 때, 하나님은 우리가 구하는 것을 행하십니다! 하나님을 청종하십시오. 그러면 하나님은 당신의 기도를 들어주실 것입니다. 이렇게 우리가 주님 안에 거하는 조건을 성취하기만 하면, 주님은 자신의 나라, 곧 천국의 "대리인으로서의 권한"을 우리에게 주십니다.

오, 이것은 얼마나 경이로운 일입니까! 우리가 하나님의 "생각," 하나님이 원하시는 것, 하나님의 뜻을 알기 위해 얼마나 간절하고 진지하게 구해야 하겠습니까! 우리 중에서 한 사람이라도 우리 자신의 이익을 구하다가 그러한 헤아릴 수 없는 부요함을 잃어버린다면, 얼마나 기가 막힌 일이겠습니까! 우리는 하나님의 뜻이 우리에게 가장 좋은 것임을 압니다. 우리는 하나님이 우리에게 복 주시기를 원하시고 우리를 복으로 삼으시기를 원하신다는 것을 압니다. 우리는 우리 자신이 하고 싶은 것을 따르는 것은 우리와 우리가 사랑하는 자들을 해롭게 하고 해치는 것임이 너무나 확실하다는 것을 압니다. 오, 하나님의 자녀들이여, 왜 우리는 하나님을 온전히 그리고 전적으로 신뢰하지 못하는 것입니까? 여기에서 우리는 다시 한 번 거룩함의 삶과 직면하게 됩니다. 우리는 우리 구주께서 우리를 기도로 부르시는 것은 우리를 거룩함으로 부르시는 것임을 너무나 극명하게 봅니다. "너희는 거룩하라!" 왜냐하면, 거룩함이 없이는 아무도 하나님을 볼 수 없고(히 12:14), 기도에 능력이 있을 수 없기 때문입니다.

우리가 "우리의 기도에 응답을 받지 못한다"고 말할 때, 그것은 하나님이나 하나님의 약속들이나 기도의 능력을 단죄하는 것이 아니라, 우리 자신을 단죄하는 것입니다. 우리가 영적인 삶을 살고 있는지를 시험해 보는 최고의 시금석은 기도입니다. 기꺼이 기도하고자 하는 사람은 자기가 하나님의 임재 앞에 서 있다는 것을 압니다.

우리가 승리하는 삶을 살아가고 있지 않다면, 우리는 진정으로 그리스도의 "이름으로" 기도할 수 없고, 우리의 기도 생활은 필연적으로 빈약하고 오락가락하며 흔히 열매를 맺지 못할 수밖에 없습니다.

그리고 "그리스도의 이름으로"는 "그리스도의 뜻을 따라"일 수밖에 없습니다. 그러나 우리가 그리스도의 뜻을 알 수 있습니까? 분명히 우리는 알 수 있습니다. 사도 바울은 "너희 안에 이 마음을 품으라 곧 그리스도 예수의 마음이니"(빌 2:5)라고 말할 뿐만 아니라, "우리가 그리스도의 마음을 가졌느니라"(고전 2:16)고 담대하게 선언합니다. 그렇다면, 어떻게 우리는 하나님의 뜻을 알게 될 수 있습니까?

우리는 "여호와의 비밀이 그를 경외하는 자들에게 있음이여"(시 25:14, 개역개정에는 "여호와의 친밀하심이 그를 경외하는 자들에게 있음이여")라는 말씀을 기억해야 합니다.

먼저, 우리는 우리가 하나님의 뜻을 알고자 하고 행하고자 하지 않는다면, 하나님이 우리에게 자신의 뜻을 계시해 주시기를 기대하지 말아야 합니다. 하나님의 뜻을 아는 것과 그 뜻을 행하는 것은 함께 갑니다. 우리는 우리 자신이 하나님의 뜻에 순종할 것인지의 여부를 결정하기 위하여 그 뜻을 알려고 하기 쉽습니다. 그러한 태도는 파멸을 초래합니다. "사람이 하나님의 뜻을 행하려 하면 이 교훈이 하나님께로부터 왔는지 내가 스스로 말함인지 알리라"(요 7:17).

하나님의 뜻은 성경에 나와 있는 하나님의 말씀에 계시되어 있습니다.

우리는 하나님이 자신의 말씀 속에서 약속하신 것이 바로 하나님의 뜻이라는 것을 알 수 있습니다.

예를 들면, 하나님이 자신의 말씀 속에서 "누구든지 지혜가 부족하거든……하나님께 구하라 그리하면 주시리라"(약 1:5)고 약속하셨기 때문에, 우리는 확신을 가지고서 지혜를 구할 수 있습니다. 우리가 하나님의 말씀을 연구해서 우리를 향한 하나님의 뜻을 발견해 내지 않는다면, 우리는 응답받는 기도의 사람이 될 수 없습니다.

그러나 우리의 기도를 도우시는 최고의 조력자는 하나님의 성령이십니다. 사도 바울의 저 놀라운 말씀을 다시 한 번 읽어 보십시오:

> "이와 같이 성령도 우리의 연약함을 도우시나니 우리는 마땅히 기
> 도할 바를 알지 못하나 오직 성령이 말할 수 없는 탄식으로 우리를
> 위하여 친히 간구하시느니라 마음을 살피시는 이가 성령의 생각을
> 아시나니 이는 성령이 하나님의 뜻대로 성도를 위하여 간구하심이
> 니라"(롬 8:26-27).

얼마나 위로가 되는 말씀입니까! 기도에 있어서 무지와 무력함이 우리로 하여금 우리 자신을 전적으로 성령께 맡기게 한다면, 그런 것들은 진정으로 복된 것들입니다. 주 예수의 이름이 찬송을 받으소서! 우리에게는 변명의 여지가 없습니다. 우리는 기도해야 하고, 기도할 수 있습니다.

하늘에 계신 우리 아버지께서는 구하는 자들에게 성령을 주시겠다고 약속하셨고(눅 11:13), 다른 모든 "좋은 것"도 주시겠다고 약속하셨다는 것을

기억하십시오(마 7:11).

하나님의 자녀여, 당신은 자주 기도해 왔습니다. 그리고 흔히 기도에서 당신의 연약함과 나태함을 몹시 슬퍼해 왔습니다. 하지만 당신은 정말 그리스도의 이름으로 기도했습니까?

하나님이 성령으로 하여금 우리를 돕게 하시겠다고 약속하신 것은 우리가 "무슨 기도를 드려야 하고" "어떤 식으로 드려야 하는지"를 알지 못할 때입니다.

그리스도께 온전히 그리고 전심으로 순복하는 것은 가치 있는 일이 아닙니까? 어중간한 그리스도인은 하나님에게나 사람에게나 별 쓸모가 없습니다. 하나님도 그를 쓸 수 없고, 사람들은 그를 위선자로 여겨서 쓰지 않습니다. 삶 속에서 허용된 한 가지 죄는 즉시 우리의 유용성과 우리의 기쁨을 파괴하고, 우리에게서 기도의 능력을 앗아가 버립니다.

사랑하는 자여, 앞에서 우리는 우리 주 예수 그리스도의 은혜와 영광을 새롭게 보았고 알게 되었습니다. 그는 자신의 영광과 은혜를 우리와 함께 하고 싶어 하시고, 그렇게 되기를 기다리고 계십니다. 그는 우리를 복의 통로로 만들고 싶어 하십니다. 그러므로 우리는 진지하고 진실한 마음으로 하나님을 예배하고, "주님, 무엇을 하리이까"(행 22:10)라고 간절하게 부르짖고서, 그의 힘의 능력으로 그 일을 해야 하지 않겠습니까?

사도 바울은 하늘을 향하여 "내가 무엇을 하리이까"라는 기도를 올려드리고 나서, 어떤 응답을 받았습니까? 잘 들어 보십시오! 그는 모든 곳에 있는 신자들에게 그것이 그에게 무엇을 의미했고 우리에게 무엇을 의미하는지를 우리에게 말해 줍니다: "너희는……긍휼과 자비와 겸손과 온유와 오래 참음을 옷 입고……이 모든 것 위에 사랑을 더하라……그리스도의 평강이 너희 마음을 주장하게 하라……그리스도의 말씀이 너희 속에 풍성히 거하여 모든 지혜로 피차 가르치며 권면하고……또 무엇을 하든지 말에나 일에나 다 주 예수의 이름으로 하고 그를 힘입어 하나님 아버지께 감사하라"(골 3:12-17).

그리스도께서 우리가 그의 이름으로 구하는 것들을 행하시는 것은 오직 우리가 그것들을 그의 이름으로 행할 때입니다.

제7장

"힘쓰고 애써서" 기도하는 것이 필요한가?

    기도는 시간이 아니라 강도(强度)로 측정됩니다. 오늘날 "기도하는 하이드" 같은 사람들에 대한 글을 읽는 진지한 심령들은 걱정스러운 듯이 "내가 그렇게 기도할 수 있을까요"라고 묻습니다.

    그들은 그런 사람들이 때때로 음식도 거절하고 잠도 비웃으며 하루 종일 또는 온 밤을 지새워서 하나님 앞에 무릎을 꿇고 기도하고 또 기도하고 끊임없이 기도했다는 얘기를 듣습니다. 그랬을 때 그들이 놀라며, "과연 우리가 그렇게 똑같이 할 수 있으며, 우리 모두가 그들의 모범을 따라야 하는가"라고 반문한 것은 자연스러운 일입니다. 우리는 그런 기도의 사람들은 시간을 염두에 두고서 오랜 시간 기도하고자 한 것이 아님을 기억해야 합니다. 그들이 그토록 오랫동안 기도를 계속한 것은 기도하는 것을 멈출 수 없었기 때문입니다.

    어떤 사람들은 내가 앞의 장들에서 여러 기도의 사람들에 대해 말한 것들을 우리 모두가 따라야 한다고 암시했다고 생각할지도 모르겠습니다. 하나님의 자녀여, 그런 생각 또는 그런 걱정으로 스트레스를 받지 마십시오. 단지 하나님이 당신에게 원하시는 것, 즉 하나님이 당신을 이끄셔서 행하게 하시는 것만을 행하고자 하십시오. 그것에 대해서 생각하시고, 그것에 대해서 기도하십시오. 주 예수님은 우리에게 하늘에 계신 하나님께 기도하라고 명령하셨는데, 그 하나님은 바로 우리가 사랑하는 우리의 아버지이십니다. 우리는 종종 "하나님이 우리를 얼마나 사랑하시는지요!"라고 우리에 대한 하나님의 사랑을 찬송합니다. 그리고 그 사랑이 어느 정도인지는 그 어떤 것과도 비교할 수 없고 가늠할 수도 없습니다.

기도는 우리에게 짊어지기 무거운 짐이나 하기 싫고 귀찮은 의무로 주어진 것이 아니라, 우리에게 무한한 기쁨과 능력이 되게 하기 위하여 주어진 것입니다. 기도는 우리로 하여금 "곤경에 처한 때마다 우리를 돕는 은혜를 얻게"(히 4:16, 개역개정에는 "때를 따라 돕는 은혜를 얻기") 하기 위하여 주어진 것입니다. 그리고 우리에게는 모든 때가 "곤경에 처한 때"입니다. 하나님이 우리에게 "기도하라"고 하시는 것은 우리가 순종해야 할 명령이 아니라 받아들이라고 권하는 초대입니다. 어린아이가 자기 아버지에게 가서 자기가 갖고 싶은 것이 무엇인지를 말하는 것이 무거운 짐입니까? 아버지에게는 자신의 아이를 사랑하고 그 아이가 가장 잘되기를 바라는 마음뿐이고, 자신의 작은 아이를 온갖 슬픔이나 고통이나 해악에서 보호해 주려는 마음뿐입니다! 하늘에 계신 우리의 아버지는 그 어느 육신의 아버지보다도 우리를 더 무한히 사랑하시고, 주 예수님은 이 땅의 그 어느 친구보다도 우리를 더 무한히 사랑하십니다. 하나님이여, 기도라는 이 귀한 주제에 대해 내가 한 말들 중에서 어느 하나라도 기도에 대해 더 많이 알고자 열망하는 사람들의 마음이나 양심을 다치게 했다면, 저를 용서해 주십시오. 주님은 "하늘에 계신 너희 아버지께서 아시느니라"(마 6:8)고 말씀하셨습니다. 하나님이 아신다면, 우리는 믿고 의지하면 되고, 걱정할 필요는 전혀 없습니다.

학교 선생님은 숙제를 해오지 않거나 지각하거나 자주 결석하는 아이를 꾸짖을 것입니다. 그러나 집에 있는 사랑하는 아버지는 자기 아이가 왜 그럴 수밖에 없었는지 그 모든 사정을 압니다. 아버지가 병이 들었거나 집이 가난해서 그 아이가 집에서 많은 일들을 맡아 헌신적으로 집안일을 해야 했기 때문에 숙제도 해 가지 못하고 자주 지각하거나 결석할 수밖에 없었다는 것을 다 압니다. 하늘에 계신 우리의 사랑하는 아버지도 우리의 모든 사정을 다 아십니다. 그는 다 보고 계십니다. 그는 우리 중에서 어떤 사람들은 오랜 시간 기도를 드릴 만한 시간적인 여유가 없다는 것을 아십니다.

우리 중 어떤 사람들에 대해서는 하나님이 시간적인 여유를 만들어주십니다. 우리를 눕게 하셔서(시 23:2) 하나님을 바라볼 수 있게 하십니다. 그럴 때조차도 육신의 연약함은 흔히 오랜 시간 기도하는 것을 방해합니다. 하지만 우리의 변명이 아무리 이치에 맞고 합당하다고 할지라도, 과연 우리 중에서 우리의 기도에 대해 숙고하는 데 충분한 시간을 드리고 있는 사람이 있는지는 의문입니다. 우리 중에서 어떤 사람들은 기도에 많은 시간을 드려야 합니다. 우리가 하는 사역 자체가 그것을 요구합니다. 사람들은 우리를 영적인 지도자들로 여기고, 우리에게는 다른 사람들을 영적으로 잘되게 하거나 영적으로 훈련시킬 책무가 있다고 여깁니다. 그런 우리는 그들을 위해 충분히 기도하는 것이 마땅하기 때문에, 그들을 위해 "기도하기를 쉬는 죄를 여호와 앞에 범하지"(삼상 12:23) 않아야 합니다. 그런 우리에게는 기도하는 것은 우리가 해야 할 일이고 평생 해야 할 과업입니다.

어떤 사람들에게는, 그들에게 고통을 주면서도,

그리스도를 친구로 삼지는 않는 친구들이 있다.

그들은 그런 친구들을 위해 기도하지 않을 수 없습니다. 우리가 다른 사람들의 짐을 짊어지고 있다면, "내가 어느 정도나 시간을 드려서 기도해야 합니까"라고 결코 묻지 않을 것입니다.

그러나 우리는 많은 사람들이 기도의 삶을 살아가는데 많은 어려움이 있다는 것을 아주 잘 압니다! 이 글을 쓰고 있는 내 앞에는 사람들이 내게 보내 온 편지들이 수북이 쌓여 있습니다. 그 편지들은 변명들과 가벼운 항의들과 고민들로 가득 차 있습니다. 하지만 그것이 그들이 그 편지들을 쓴 이유일까요? 그렇지 않습니다! 절대로 아닙니다. 그 편지들 하나하나에는 하나님의 뜻을 알고자 하는 깊은 열망과 그들의 삶이 그들에게 요구하는 수많은 일들 가운데서 기도에로의 부르심에 어떻게 하면 순종할 수 있을까 하는 깊은 고민이 담겨 있습니다.

그 편지들은 사람들로부터 빠져나와서 은밀한 기도의 시간을 가질 수 없는 이들의 고민에 대해 말해 줍니다. 침대를 함께 쓰는 부부가 기도할 시간을 가질 수 없는 고민, 빨래하고 요리하고 옷을 수선하고 청소하고 장을 보고 사람들을 방문하는 등 할 일이 끝도 없이 이어져서 어떻게 해야 할 줄을 알지 못하는 바쁜 어머니들과 하녀들과 여주인들의 기도에 대한 고민, 하루의 일이 끝난 후에는 온몸이 녹초가 되어 너무나 피곤해서 기도할 수 없는 노동자들의 고민이 그 편지들 속에 들어 있습니다.

하나님의 자녀여, 하늘에 계신 우리 아버지께서는 그 모든 사정을 다 아십니다. 하나님은 우리가 일을 잘하는지 못 하는지를 감시하는 감독관이 아닙니다. 그는 우리의 아버지이십니다. 당신에게 기도할 시간이 없거나 은밀하게 기도할 기회가 생기지 않는다면, 그 모든 것을 있는 그대로 하나님께 아뢰십시오. 그러면 당신은 기도하고 있는 자신을 발견하게 될 것입니다!

혼자 있을 시간을 전혀 낼 수 없어 보이거나, 조용한 교회에 들어가서 몇 분 동안이라도 기도할 시간을 낼 수 없어 보이는 사람들에게, 나는 사도 바울의 저 놀라운 기도의 삶을 환기시켜 드리고 싶습니다. 당신은 사도 바울처럼 감옥에 갇힌 적이 있습니까? 그는 감옥에 갇혔고, 거기에서 우리가 지금 그의 서신들에서 보는 저 놀라운 기도들의 대부분을 썼습니다. 그의 모습을 한 번 상상 속에서 그려 보십시오. 쇠사슬에 묶인 그를 로마의 군인이 밤낮으로 지키고 있었기 때문에, 그는 단 한시라도 혼자 있을 수 없었습니다. 에바브라가 거기에 한동안 있었고, 기도에 대한 사도의 열정을 알았습니다. 누가도 거기에 있었던 것으로 보입니다. 하지만 사도는 기도 모임은 커녕 은밀하게 기도할 기회조차 가질 수 없었습니다! 그런데도 우리는 사도가 쇠사슬에 묶인 자신의 손을 들어 기도한 덕을 톡톡히 보고 있습니다! 당신과 나는 혼자 있을 시간을 갖는 것이 불가능하거나 아주 드물게만 그런 시간을 가질 수 있을지 모릅니다. 그러나 적어도 우리의 손은 쇠사슬로 묶여 있지 않고, 우리의 마음이나 입술에는 족쇄가 채워져 있지 않습니다.

우리는 기도할 시간을 낼 수 있습니까? 내 생각이 틀렸을지도 모르지만, 나는 음식을 충분히 잘 먹지 못하거나 잠이 부족해서 우리의 육신의 건강을 해칠 정도로 많은 시간을 기도에 할애하는 것은 우리 중 대다수, 아니 아마도 우리 중 그 누구에 대해서도 하나님의 뜻이 아니라고 믿습니다. 몸이 약한 사람들의 경우에는 대체로 오랜 시간 강도 높은 기도를 드리는 것은 육체적으로 불가능합니다.

우리가 어떤 자세로 기도를 드리느냐 하는 것은 중요하지 않습니다. 우리가 무릎을 꿇고 기도하든, 서거나 앉거나 걷거나 일하며 기도하든, 하나님은 우리의 기도를 들으십니다.

좀 더 많은 시간을 기도하기 위해서 자신들의 쉬는 시간을 줄인 사람들에게 하나님이 종종 특별한 힘을 주셨다는 사실을 증언한 이들이 많이 있다는 것을 나는 잘 알고 있습니다. 전에 글을 쓰는 한 작가가 매일 아침 기도하면서 하나님과 교제하기 위해 새벽 같이 일어나려고 애썼습니다. 조금 시간이 지나면서, 그는 자신의 매일의 작업이 강도와 효율성에서 크게 높아져서, 이른 저녁 시간에도 너무 졸려서 깨어 있기가 어렵다는 것을 발견했습니다! 그런데도 우리는 우리가 할 수 있는 만큼 기도해야 합니까? 내게 두고두고 후회되는 일 중의 하나는 내가 한창 힘이 좋은 젊은 시절에 새벽기도에 힘쓰지 않은 것입니다.

성령의 감동을 따른 사도의 명령은 아주 분명합니다: "쉬지 말고 기도하라"(살전 5:17). 우리의 사랑하는 주님도 "항상 기도하고 낙심하지 말아야" 한다고 말씀하셨습니다(눅 18:1).

물론, 이것은 우리가 언제나 무릎을 꿇고 기도해야 한다는 것을 의미할 수 없습니다. 하나님은 우리가 마땅히 해야 할 일들을 소홀히 하면서까지 기도하기를 원하지 않으신다고 나는 확신합니다. 그러나 우리가 일하는 시간을 줄이고 기도하는 시간을 더 늘린다면, 일을 더 잘 할 수 있고 더 많은 일을 할 수 있다는 것도 마찬가지로 확실합니다.

우리는 우리가 마땅히 해야 할 일들을 잘해야 하고 "게으르지" 말아야 합니다(롬 12:11). 사도 바울은 "형제들아 권하노니 더욱 그렇게 하고……조용히 자기 일을 하고 너희 손으로 일하기를 힘쓰라 이는 외인에 대하여 단정히 행하고 또한 아무 궁핍함이 없게 하려 함이라"(살전 4:10-12)고 말하고, "누구든지 일하기 싫어하거든 먹지도 말게 하라"(살후 3:10)고 말합니다.

그러나 하루 중에 "거룩한 손을 들어"(딤전 2:8) 또는 적어도 거룩한 마음을 들어 우리 아버지 하나님께 기도할 기회는 무수히 많지 않습니까? 우리는 매일 새로운 날 아침에 우리의 눈을 뜨자마자 우리의 구속주를 찬송하고 송축할 수 있지 않습니까? 그리스도인에게는 매일이 부활절입니다. 우리는 옷을 입으면서도 기도할 수 있습니다. 우리는 누가 일깨워주지 않으면 흔히 잊어버립니다. 당신이 쓴 안경 모서리에 "쉬지 말고 기도하라"는 말씀을 쓴 종이쪽지를 붙여 놓으십시오. 한 번 시도해 보십시오. 한 가지 일을 마치고 다음 일로 넘어가기 전에 기도할 수 있고, 흔히 일을 하는 중에도 기도할 수 있습니다. 기도하면서 일을 하면, 세탁을 하거나 글을 쓰거나 옷을 수선하거나 아이를 돌보거나 요리하거나 청소하는 것을 한층 더 잘할 수 있게 될 것입니다.

크든 작든 아이들은 자기를 사랑하는 누군가가 지켜보고 있을 때 공부도 더 잘하고 놀기도 더 잘하지 않습니까? 주 예수님이 언제나 우리와 함께 계셔서 지켜보고 계신다는 것을 기억한다면, 우리에게 힘이 되지 않겠습니까? 물론, 도움이 됩니다. 예수님의 눈이 우리를 지켜보고 계신다는 자각은 우리 안에서 예수님의 능력을 느낄 수 있게 해 줄 것입니다.

당신은 사도 바울이 "주께서 가까우시니라 아무 것도 염려하지 말고 다만 모든 일에 기도와 간구로, 너희 구할 것을 감사함으로 하나님께 아뢰라"(빌 4:5-6)고 말했을 때, 시간을 정해서 기도하는 것이 아니라 이렇게 삶 속에서 습관적으로 기도하는 것을 염두에 두고 있었다고 생각하지 않습니까? "모든 일에"라는 어구가 그것을 보여 주는 것이 아니겠습니까? 즉, 우리가 삶을 살아가면서 어떤 일이 생길 때마다 그 자리에서 즉시 그 일을 "기도 제목"으로 삼아서 우리 "가까이 계시는" 주님께 기도하고 감사하며 찬송하라는 것이 아니겠습니까? (여기에서 "가까우시니라"는 표현이 주님의 재림을 가리킨다고 제한적으로 해석할 이유가 어디 있습니까?)

내게 가까이 계시는 하나님께 기도하는 것이라는 이러한 생각은 얼마나 복된 것입니까? 주님은 자신의 제자들을 파송하실 때, "볼지어다 내가 너희와 항상 함께 있으리라"(마 28:20)고 말씀하셨습니다.

저명한 의사였던 토머스 브라운(Thomas Browne) 경은 그런 생각을 실천에 옮긴 분입니다. 그는 이렇게 말했습니다:

나는 집에서든 대로에서든 거리에서든 고요함이 있는 모든 곳에서 기도하기로 맹세했습니다. 이 도시의 그 어떤 도로도 내가 그 도로에서 하나님과 내 구주를 잊은 적이 없다는 것을 증언하게 하고, 내가 갔던 그 어떤 마을이나 구역도 그와 똑같은 증언을 하게 하겠다고 맹세했습니다. 말을 타고 가다가 교회가 보이면 그 자리에서 기도했습니다. 특히 내가 맡은 환자들은 물론이고 어떤 의사의 돌봄을 받고 있든지 모든 병자들을 위해서 날마다 기도했습니다. 병자의 집으로 들어갈 때는 하나님의 평화와 자비가 그 집에 임하기를 기도했습니다. 설교를 들은 후에는 그 설교를 들은 모든 이들에게 은혜와 복을 내려 주시라고 기도했고 목회자를 위해 기도했습니다.

그러나 우리가 길든 짧든 무릎을 꿇고 정식으로 기도하는 시간을 갖지 않는다면, 우리의 삶 속에서 찬송 받으실 주님과의 이러한 교제와 소통이 가능할지는 의문입니다. 그러한 정식으로 기도하는 시간들은 무엇입니까? 우리는 앞에서 기도는 어린아이가 자기 아버지에게 무엇인가를 구하는 것같이 단순한 것이라고 말한 바 있습니다. 또한, 만일 악한 자 마귀가 이 세상에 존재하지 않는다면, 그런 말을 추가적으로 자세하게 설명할 필요도 없을 것입니다.

마귀는 우리가 기도 안에서 하나님 앞으로 나아가는 것을 가로막고, 모든 수단과 방법을 다 동원해서 믿음의 기도를 방해한다는 것은 의심의 여지가 없습니다. 그가 우리를 방해하는 주된 방법은 우리로 하여금 우리에게 닥친 곤경만을 생각하고 거기에 몰두하게 함으로써, 우리의 기도를 받으시는 우리의 사랑하는 아버지 하나님에 대한 생각을 할 수 없게 만드는 것입니다. 마귀는 우리로 하여금 선물을 주시는 분보다 선물을 더 생각하게 만들고자 합니다. 성령은 우리를 인도하셔서 형제를 위해 기도하게 만듭니다. 우리는 "하나님이여, 내 형제에게 은혜를 베풀어 주십시오"라고 겨우 기도한 후에, 우리의 생각은 그 형제 및 그의 일과 어려움들과 소망과 두려움에 온통 가 있어서, 더 이상 그 형제를 위해 기도할 생각을 하지 못합니다!

마귀는 우리가 우리의 생각을 하나님께 집중하지 못하도록 하기 위해 온 힘을 쏟습니다! 이것이 우리가 사람들에게 그 어떤 간구를 드리기 전에 먼저 하나님의 영광과 하나님의 권능과 하나님의 임재를 묵상하고 나서, 그런 것들이 생생해지면 비로소 간구를 드리라고 강력히 권하는 이유입니다. 만일 마귀가 없다면, 기도에 아무런 어려움이 없을 것입니다. 그러나 악한 자 마귀의 주된 목표는 기도할 수 없게 만드는 것입니다. 이것이 우리 중 다수가, 어떤 사람들이 어떤 기도들을 주님이 산상수훈에서 사용하신 표현들을 빌려서 "중언부언"하고 "말을 많이" 하는 기도들이라고 부르며 공공연하게 정죄하는 것에 공감하기가 어려운 이유입니다.

런던의 한 유명한 사제는 아주 최근에 이런 말을 했습니다: "하나님은 우리가 기도를 길게 함으로써 하나님의 시간이나 우리의 시간을 허비하는 것을 원하지 않으십니다. 하나님과 대화할 때는 우리가 원하는 것이 무엇인지를 짧고 분명하게 용건만 간단히 아뢰고 나서 그 자리를 나와야 합니다." 이 사람은, 기도라는 것이 단지 우리의 용건을 하나님으로 하여금 아시게 하는 것이라고 생각하는 것입니까? 그것이 기도의 전부라면, 사실 우리는 기도할 필요가 없습니다! 주님은 제자들에게 기도를 가르쳐 주시면서, "구하기 전에 너희에게 있어야 할 것을 하나님 너희 아버지께서 아시느니라"(마 6:8)고 말씀하셨습니다.

그리스도께서는 친히 어떤 "길게 기도하는" 것을 정죄하셨다는 것을 우리는 압니다(마 23:14). 그러나 그가 정죄하신 것은 "외식으로"(눅 20:47) 길게 기도하는 것이었습니다. 사랑하는 기도자들이여, 매주 우리의 기도회에서 주님이 꾸짖으실 긴 기도가 있습니다. 그런 기도는 기도회를 죽입니다. 그리고 하나님이 자신들의 그러한 "연약한 기도들," 아니 "말 같지도 않은 기도들"도 들어주실 것이라는 청원으로 끝내는 기도들도 똑같이 정죄하실 것임을 믿으십시오.

그러나 주님은 진실한 마음을 담아서 길게 기도하는 것을 결코 정죄하지 않습니다. 우리는 주님이 종종 밤을 새워 기도하셨다는 사실을 잊어서는 안 됩니다. 복음서에서는 그 한 경우에 대해서 우리에게 말해 주지만(눅 6:12), 우리는 주님이 얼마나 자주 밤을 새워 기도하셨는지는 알지 못합니다. 또한, 주님은 종종 날이 밝기 한참 전에 일어나셔서 "한적한 곳으로 가사 거기에서 기도하셨습니다"(막 1:35). 주님은 흠이 없는 온전한 사람이셨는데도 우리보다 더 많이 기도하셨습니다. 모든 시대의 하나님의 성도들은 기도로 하나님과 밤을 지새웠기 때문에 낮에 사람들과 함께 있을 때에 능력을 행할 수 있었다는 것은 의심할 여지 없는 사실인 것으로 보입니다.

주님은 시도 때도 없이 밀려드는 수많은 사람들을 전도하시고 병을 고쳐 주시는 등 눈코 뜰 새 없이 바쁘셨기 때문에, 충분히 시간이 없다는 핑계로 기도를 하지 않으실 수도 있으셨을 것 같은데, 그 바쁘신 와중에서도 결코 기도를 빠뜨리지 않으셨습니다. 주님의 인기가 최고조에 달해서, 사람들이 너나 할 것 없이 앞 다투어 주님과 함께 하고자 하고 주님의 말씀을 듣고자 하였기 때문에, 가장 바쁜 나날을 보내시는 가운데서도, 어느 날 주님은 그 많은 사람들을 뒤로 하시고 "기도하러 따로 산에 올라가 혼자 계셨습니다"(마 14:23).

우리는 복음서에서 "수많은 무리가 말씀도 듣고 자기 병도 고침을 받고자 하여 모여 오되"라는 말씀을 들은 후에, 곧바로 "예수는 물러가사 한적한 곳에서 기도하시니라"는 말씀을 듣습니다(눅 5:15-16). 왜입니까? 주님은 기도가 "섬김"보다 훨씬 더 능력 있는 것임을 아셨기 때문입니다.

우리는 너무 바빠서 기도할 시간이 없다고 말합니다. 그러나 주님은 우리보다 더 바쁘셨지만 더 많이 기도하셨습니다. 주님은 어떤 때에는 식사하실 시간조차 없으셨고(막 3:20), 어떤 때에는 꼭 필요한 휴식을 취하거나 잠을 잘 시간도 없으셨습니다(막 4:31). 하지만 언제나 기도하는 시간을 가지셨습니다. 자주 기도하는 것, 그리고 종종 오랜 시간 기도하는 것이 우리 구주께 꼭 필요한 것이었다면, 그런 것들이 우리에게는 얼마나 더 반드시 필요한 것이겠습니까?

나는 사람들을 설득해서 내 말에 동의하게 하기 위해 글을 쓰고 있는 것이 아닙니다. 그런 것은 별로 중요하지 않습니다. 우리는 단지 진리를 알기를 원할 뿐입니다. 스펄전은 전에 이렇게 말했습니다:

우리는 우리가 주님의 손에서 무엇을 얻고 싶은지를 분명하게 말하지 않고 빙빙 돌려서 말하거나 변죽만을 울릴 필요가 전혀 없습니다. 또한, 고상하거나 멋지거나 아름다운 언어를 사용하려고 애쓰는 것도 합당하지 않습니다. 우리가 원하는 것이 무엇인지를 단도직입적으로 아주 명료하게 하나님께 아뢰십시오……나는 우리가 하나님께 사업적인 기도를 할 수 있다고 믿습니다. 사업적인 기도라는 것은 우리가 하나님이 자신의 말씀을 통해서 우리에게 주신 수많은 보배로운 약속들 중에서 어느 하나를 하나님 앞으로 들고 나가서, 마치 우리가 수표를 들고 은행에 가면 반드시 현금으로 바꾸어 가질 수 있듯이, 그 약속을 이루어 주시라고 구하는 기도를 말합니다. 우리가 수표를 현금으로 바꾸려면, 은행에 가서 수표는 제시하지도 않은 채로 창구에 앉아 있는 직원들과 이런저런 수다를 떨며 빈둥거리며 시간을 보낼 필요가 없습니다. 우리는 단지 금액이 적혀 있는 수표를 창구 직원에게 내밀면서 현금으로 줄 것을 요청한 후에, 직원이 주는 현금을 받아서 금액이 정확히 맞는지 안 맞는지를 확인하고서 그 현금을 들고 은행을 나와 다른 볼일을 보면 됩니다. 우리가 천국 은행으로부터 현금을 인출하는 방법도 그것과 똑같습니다.

그러나 반드시 기도 시간을 가지십시오. 그리고 유창한 기도 같은 것은 집어치우십시오. 또한, 쓸데없는 "잡담"도 반드시 피하고서, 받기를 기대하고 믿음으로 하나님 앞에 나아가십시오.

하지만 은행 직원이 내 곁에 무장을 한 험상궂고 건장한 악당이 내 약한 손이 현금을 쥐기도 전에 먼저 날치기해 가는 범행을 저지르려고 기다리고 있는 것을 보았다면 창구에서 내게 그리 쉽게 현금을 내주려고 하겠습니까? 그는 그 악당이 내 곁에서 사라질 때까지 기다리지 않겠습니까? 이것은 결코 상상 속의 그림이 아닙니다. 성경은 우리에게 사탄이 이런저런 방식으로 우리의 기도를 방해하고 응답을 지체시킬 수 있다고 가르칩니다. 사도 베드로는 "기도가 막히지 아니하게"(벧전 3:7) 하려고 그들에게 어떤 일들을 이러저러하게 하라고 강력하게 권하고 있지 않습니까? 우리의 기도는 방해를 받을 수 있습니다. "악한 자가 와서 그 마음에 뿌려진 것을 빼앗나니"(마 13:19).

성경은 그런 많은 사례들 중에서 오직 한 경우만을 우리에게 말해 주는 데, 거기에서 악한 자는 실제로 기도에 대한 응답을 3주간이나 붙잡아 두고 지체시킵니다. 우리가 이것에 대해 말하는 것은 오직 사탄이 지닌 막강한 힘을 유념해서, 반복해서 기도하고 끈기 있게 기도해야 할 필요성이 있다는 것을 보여 주기 위한 것입니다. 앞에서 말한 그 사례는 다니엘서 10:12-13에 나옵니다:

> "다니엘아 두려워하지 말라 네가 깨달으려 하여 네 하나님 앞에 스스로 겸비하게 하기로 결심하던 첫날부터 네 말이 응답 받았으므로 내가 네 말로 말미암아 왔느니라 그런데 바사 왕국의 군주가 이십일 일 동안 나를 막았으므로 내가 거기 바사 왕국의 왕들과 함께 머물러 있더니 가장 높은 군주 중 하나인 미가엘이 와서 나를 도와주므로."

우리는 사탄이 우리의 기도를 반대하고 훼방한다는 사실을 간과해서는 안 됩니다. 우리가 하나님이 약속하신 어떤 것이나 우리에게 필요하다고 여겨지는 어떤 것을 오직 한 번만 하나님께 구하는 것으로 만족하고자 한다면, 나는 이 장들을 결코 쓰지 않았을 것입니다. 하지만 우리는 정말 또다시 구하지 않아도 될까요? 예를 들면, 나는 하나님이 죄인이 죽는 것을 원하지 않으신다는 것을 압니다. 그래서 나는 하나님 앞에 나아가서 담대하게 "하나님, 내 친구를 살려 주십시오"라고 기도합니다. 그런 후에, 나는 그 친구가 회심하게 해 달라고 또다시 구하게 되지 않겠습니까? 조지 뮬러는 한 친구의 회심을 위해서 60년 동안 날마다 몇 번이고 기도했습니다. 그러나 성경은 "사업적인" 기도에 대해 어떤 빛을 비쳐 줍니까? 주님은 끈기 있게 계속해서 기도할 것을 가르치시기 위해 두 가지 비유를 드셨습니다. 밤중에 자기 친구를 찾아가서 떡 세 덩이를 달라고 부탁한 사람은 "그의 끈질김을 인하여"(눅 11:8, 개역개정에는 그 간청함을 인하여") 자기가 원한 것을 얻어냈습니다. 여기에서 "끈질김"으로 번역된 단어는 문자 그대로 직역하면 "부끄러운 줄을 모르는 것"을 의미합니다. 불의한 재판장을 "끊임없이 찾아가서 괴롭게 한" 과부는 마침내 자기가 원하는 것을 얻어냈습니다. 거기에 주님은 "하나님께서 그 밤낮 부르짖는 택하신 자들의 원한을 풀어 주지 아니하시겠느냐 그들에게 오래 참으시겠느냐"(눅 18:7)는 말씀을 더하십니다.

주님은 가련한 수로보니게 여자가 자신의 거부나 퇴짜를 받아들이지 않고 끝까지 자기에게 구하는 것을 보시고서 기뻐하시며 그녀가 구하는 것을 주시지 않으셨습니까! 주님은 그녀가 계속해서 끈질기게 구하는 것을 보시고서 "여자여 네 믿음이 크도다 네 소원대로 되리라"(마 15:28)고 말씀하신 것이 아닙니까. 우리가 사랑하는 주님은 겟세마네 동산에서 기도로 고군분투하시면서 여러 번 반복해서 기도하셨습니다: "또 그들을 두고 나아가 세 번째 같은 말씀으로 기도하신 후"(마 26:44). 그리고 기도의 사도였던 사도 바울도 하나님께 자신의 육체에 있는 "가시"를 제거해 주시라고 여러 번 구하였습니다: "이것이 내게서 떠나가게 하기 위하여 내가 세 번 주께 간구하였더니"(고후 12:8).

하나님은 우리가 구한 것을 언제나 그 즉시 주실 수는 없습니다. 어떤 때에는 우리가 그것을 받을 준비가 아직 덜 되어 있는 경우도 있고, 어떤 때에는 하나님이 우리에게 훨씬 더 좋은 것을 주시기 위해 우리가 구한 것을 주시지 않는 경우도 있습니다. 또한, 사도 베드로가 감옥에 갇혀 있던 날들을 생각해 보십시오. 당신의 아이가 부당하게 감옥에 갇혀서 언제 집행될지 모르는 사형을 기다리고 있다면, 당신은 하나님 앞에 나아가서, "하나님, 내 아이를 이 사람들의 손에서 건져 주십시오"라고 단지 딱 한 번만 "사업적인" 기도를 드리는 것으로 만족할 수 있겠습니까? 그런 경우에 당신은 당연히 틈만 나면 하나님 앞에 나아가서 수도 없이 기도를 드리고자 하고 간절하게 기도하고자 하지 않겠습니까?

사도 베드로가 감옥에 갇혔을 때, 교회가 바로 그런 식으로 기도했습니다: "교회는 그를 위하여 간절히 하나님께 기도하더라"(행 12:5). 성경을 연구하는 사람들은 RV에서는 "간절히"로 번역한 단어를 AV에서는 "쉬지 않고"로 번역하였다는 것을 알아냈을 것입니다. 토레이(Torrey) 박사는 이 두 가지 번역은 모두 헬라어 본문의 취지를 온전히 보여 주지 못하고 있다고 지적합니다. 이 단어는 직역하면 "길게 뻗은 채로"(stretched-out-ed-ly)를 의미합니다. 즉, 이것은 우리 심령의 소원이 너무나 간절하고 열렬해서, 그 소원이 위를 향하여 길게 뻗어 있는 모습을 나타냅니다. 교회는 감옥에 갇힌 사도 베드로를 위해 간절하고 열렬한 기도를 드렸습니다. 이 단어는 주님이 겟세마네에서 기도하시는 모습을 묘사할 때에도 사용됩니다: "예수께서 힘쓰고 애써 더욱 간절히 기도하시니 땀이 땅에 떨어지는 핏방울 같이 되더라"(눅 22:44).

아! 기도에는 간절함이 있었고, 심지어 힘쓰고 애쓰는 것도 있었습니다. 그런데 우리의 기도는 어떻습니까? 우리는 힘쓰고 애써서 기도하도록 부르심을 받았습니까? 하나님의 사랑하는 성도들 중 다수는 "아니요"라고 대답합니다. 그들은 우리가 힘쓰고 애써서 기도한다면, 그것은 믿음이 많이 부족하다는 것을 드러내는 것이라고 생각합니다. 하지만 주님이 행하시고 보여 주는 일들은 대체로 우리가 본받아야 할 것들입니다. 우리는 그리스도와 함께 십자가에 못 박혔고 그리스도와 함께 다시 살리심을 받았습니다 (갈 2:20; 골 2:12). 그런 우리의 심령이 힘쓰고 애쓰는 것이 어떻게 없을 수 있겠습니까?

인간이 겪는 현실로 돌아가 봅시다. 우리의 사랑하는 자녀들이 죄 가운데 살아가고 있는데, 우리가 그들을 위해 힘쓰고 애쓰며 기도하지 않을 수 있겠습니까? 믿는 자들이 다른 심령들의 짐을 지고서 그들을 위해 기도하면서 과연 힘쓰고 애쓰며 기도하지 않을 수 있는지 의문입니다.

우리는 존 녹스(John Knox)처럼 "하나님, 내게 스코틀랜드를 주시든지, 아니면 나를 죽여 주십시오"라고 울며 부르짖지 않을 수 없지 않겠습니까? 여기에서도 성경이 우리에게 답을 줍니다. 모세가 "이 백성이 자기들을 위하여 금 신을 만들었사오니 큰 죄를 범하였나이다 그러나 이제 그들의 죄를 사하시옵소서 그렇지 아니하시오면 원하건대 주께서 기록하신 책에서 내 이름을 지워 버려 주옵소서"(출 32:31-32)라고 하나님께 부르짖을 때, 당연히 그의 심령에는 고통과 괴로움이 있었고, 그는 온 힘을 다해 고군분투하며 기도하지 않았겠습니까?

사도 바울이 "나의 형제 곧 골육의 친척을 위하여 내 자신이 저주를 받아 그리스도에게서 끊어질지라도 원하는(RV 난외주에는 '기도하는') 바로라"(롬 9:3)고 말한 것으로 보아서, 그는 자신의 동족인 유대인들의 구원을 위하여 죽을 힘을 다해 기도하지 않았겠습니까?

어쨌든 주님은 예루살렘을 위하여 우셨고 "심한 통곡과 눈물로 간구와 소원을" 올리셨던 그런 분이셨기 때문에(히 5:7), 우리가 잘못된 길로 가고 있는 사람들을 위하여 눈물로 기도하는 것을 보실 때, 우리의 그런 모습을 보시고 근심하지 않으시리라는 것은 아주 분명합니다. 아니, 우리가 주님을 근심하시게 하는 죄를 보면서 울며 기도하는 모습을 보실 때, 주님은 도리어 기뻐하지 않으시겠습니까? 사실, 사람들이 그토록 많이 사역을 하는데도 회심하는 자들의 수가 극히 적은 이유는 사역자들이 힘쓰고 애쓰며 기도하지 않았기 때문이 아니겠습니까?

우리는 "시온은 진통하는 즉시 그 아들을 순산하였도다"(사 66:8)는 말씀을 듣습니다. 사도 바울은 바로 그 말씀을 염두에 두고서, 갈라디아 교인들에게 "나의 자녀들아 너희 속에 그리스도의 형상을 이루기까지 다시 너희를 위하여 해산하는 수고를 하노니"(갈 4:19)라고 쓴 것이 아니겠습니까? 그리고 이것은 영적인 자녀들에 대하여 해당되는 말씀이 아니겠습니까? 오, 우리의 마음은 자주 너무나 차갑고 냉랭해서, 잃어버린 심령들을 보면서도 슬퍼하거나 근심하지 않습니다! 그런 우리가 멸망해 가는 사람들을 보면서 눈물을 흘리며 힘쓰고 애써 기도하는 사람들을 비판할 자격이 있습니까? 결코 그럴 수 없습니다. 기도에는 싸움이 있습니다. 그것은 하나님이 우리의 기도에 응답해 주시는 것을 내키지 않아 하시기 때문이 아니라, "이 어둠의 세상 주관자들"(엡 6:12)이 우리의 기도에 대한 응답을 방해하기 때문입니다.

우리는 기도에서 "씨름"을 해야 하는데 여기서 "씨름"으로 번역된 헬라어는 "다투는 것"을 의미합니다. 그것은 우리와 하나님이 다투는 것을 가리키지 않습니다. 하나님은 우리와 한 편이고 우리가 원하는 것들을 들어주시고자 하시기 때문입니다. 우리가 다투는 상대는 "악한 자" 마귀입니다. 그는 이미 그리스도께서 이기시고 점령하신 원수이기는 하지만(요일 3:8), 우리의 기도를 훼방하고자 합니다.

"우리의 씨름은 혈과 육을 상대하는 것이 아니요 통치자들과 권세들과 이 어둠의 세상 주관자들과 하늘에 있는 악의 영들을 상대함이라"(엡 6:12). 우리도 "그리스도 안에서 하늘에" 있고(엡 1:3), 오직 그리스도안에서만 승리할 수 있습니다. 우리의 씨름은 사탄이 넣어 주는 생각들을 거절하고 우리의 생각을 구주이신 그리스도께 고정해서 오직 그리스도만을 바라보기 위한 씨름입니다. 즉, "깨어 구하는"(엡 6:18) 것입니다.

"우리는 마땅히 기도할 바를 알지 못하나" "성령이 우리의 연약함을 도우신다"는 사실은 우리에게 위로가 되고 큰 힘이 됩니다. 성령께서 지시나 모범이 아닌 다른 방식으로 우리를 어떻게 "도우시고" 가르치십니까? 성령께서 어떻게 "기도하십니까"? "오직 성령이 말할 수 없는 탄식으로 우리를 위하여 친히 간구하시느니라"(롬 8:26). 이것은 성령께서 겟세마네에서 성자께서 그러셨듯이 우리 안에서 우리를 위해 탄식하시며 힘쓰고 애써 기도하신다는 것을 보여 주는 것이 아닙니까?

성령께서 우리 안에서 그런 식으로 기도하신다면, 우리는 성령의 "탄식"과 신음과 애쓰는 것에 함께 참여하여 기도할 수밖에 없지 않겠습니까? 우리가 힘쓰고 애써 기도하느라고 우리의 육신이 약해지면, 주님의 경우에 그랬던 것처럼(눅 22:43) 천사들이 "하늘로부터 나타나" 우리에게 "힘을 더해" 주지 않겠습니까? 아마도 우리는 느헤미야처럼 하나님 앞에서 울며 애통해하고 금식하며 기도할 수도 있습니다(느 1:4). "그러나 우리는 죄에 대한 경건한 슬픔과 다른 사람들이 구원받기를 원하는 간절한 소원을 가지고 기도하면 되는 것이고, 그것이 힘쓰고 애쓰는 기도가 될 필요는 없고, 그런 기도로 변질되는 것은 도리어 하나님을 욕되게 하는 것이 아니겠습니까"라고 반문하는 사람이 있을 것입니다.

그렇게 반문하는 사람은 힘쓰고 애쓰며 고군분투하는 기도는 하나님의 약속들에 대한 믿음이 결여되어 있다는 것을 드러내는 것이라고 생각합니다. 아마 그럴 수도 있을지 모르겠습니다. 그러나 사도 바울이 기도를 적어도 어떤 때에는 "싸움"이라고 여겼다는 것은 거의 의심할 여지가 없습니다. 그는 골로새의 그리스도인들에게 편지를 써서 이렇게 말합니다: "내가 너희와……무릇 내 육신의 얼굴을 보지 못한 자들을 위하여 얼마나 힘쓰는지를 너희가 알기를 원하노니 이는 그들로 마음에 위안을 받고"(골 2:1-2; 롬 15:30). 여기에서 "힘쓴다"로 번역된 단어는 우리가 기도에서 힘쓰고 애쓴다고 말할 때 사용해 온 단어로서, 주님이 겟세마네에서 "힘쓰고 애써"(눅 22:44) 기도하셨다고 할 때 사용되었던 바로 그 단어이기 때문에, 사도 바울이 그들을 위해 고군분투하며 기도하고 있다는 것을 가리키는 것임에 틀림없습니다.

또한, 사도 바울은 골로새 교인들에게 에바브라가 "항상 너희를 위하여 애써 기도하여 너희로 하나님의 모든 뜻 가운데서 완전하고 확신 있게 서기를 구하고" 있다고 말하고(골 4:12), 에바브라가 기도를 통해서 "너희를 위하여 많이 수고하는 것을 내가 증언하노라"(13절)고 말합니다. 이것은 에바브라가 감옥에서 골로새 교인들을 위하여 끊임없이 오랜 시간 기도를 통해

씨름하고 싸우며 애쓰고 고군분투하는 모습을 그가 지켜보고서 증언한 것이었습니다. 당시에 사도 바울과 에바브라는 쇠사슬에 묶여 시위대 뜰에 있는 감옥에 갇혀 있었기 때문에, 시위대에 속한 군인들은 이 사람들이 그런 식으로 기도하는 모습을 보고서 기이하게 여기며 깊이 감명을 받았을 것임에 틀림없습니다. 그들이 쇠사슬에 묶인 손을 들어 눈물을 흘리며 온 힘을 다해 애쓰며 간절히 기도하는 모습은 그 군인들에게는 계시가 되었을 것임에 틀림없습니다! 그 모습을 본 군인들이 우리가 기도하는 모습을 보았다면 어떻게 생각하겠습니까?

사도 바울이 에베소 교인들을 비롯한 그리스도인들에게 "그런즉 서서……모든 기도와 간구를 하되 항상 성령 안에서 기도하고 이를 위하여 깨어 구하기를 항상 힘쓰며 여러 성도를 위하여 구하고" 또한 "이 일을 위하여 쇠사슬에 매인 사신이 된" "나를 위하여" 구하라고 강권하였을 때(엡 6:14, 18-20), 그것은 바울 자신도 그런 식으로 늘 기도하고 있다는 것을 보여 주는 것임에 틀림없습니다. 그것은 그 자신의 기도 생활을 묘사한 것이 분명할 것입니다.

그러므로 기도할 때에는 장애물들을 만나게 되고, 그 장애물들은 기도로써 이겨야 합니다. 이것이 사람들이 말하는 "기도에서 승리하는" 것이 의미하는 것입니다. 우리는 사탄의 간계들과 맞서 씨름해야 합니다. 그것들은 육신적으로 지치고 피로한 것이나 고통일 수도 있고, 잡념이나 의심이 끈질기게 괴롭히는 것일 수도 있으며, 영적으로 악한 세력들의 직접적인 공격일 수도 있습니다.

사도 바울과 마찬가지로 우리에게도 기도는 적어도 때때로 "싸움"이고

"씨름"이기 때문에, 우리는 "스스로 분발하여 주를 붙잡지" 않을 수 없습니다(사 64:7). 기도에서 싸움이나 씨름을 하는 사람은 극소수라고 말한다면, 그것은 틀린 말일까요? 우리는 어떻습니까? 그러나 우리는 주님의 능력과 그 은혜의 부요하심을 결코 의심하지 말아야 합니다.

『그리스도인의 행복한 삶의 비결』(The Christian's Secret of a Happy Life)의 저자인 한나 휘톨 스미스(Hannah Whitall Smith)는 죽기 직전에 몇 안 되는 한 무리의 친구들에게 자신의 삶 속에서 일어났던 한 사건에 대해 말해 주었는데, 나는 그 일을 외부로 널리 알려도 괜찮을 것이라고 생각합니다. 종종 그녀의 집을 찾아와서 이삼 일 간 묵어가곤 했던 한 친구는 언제나 그녀의 성질과 인내심이 어떠한지를 제대로 드러내 주는 큰 시험거리였습니다. 그래서 그 친구가 방문할 때마다 그녀는 많은 기도로 준비해야 했습니다. 드디어 이 "문제의 그리스도인"이 그녀의 집에 와서 일주일 동안 내내 머물 계획으로 그녀에게 오기로 한 날이 다가왔습니다! 그녀는 이 큰 시험을 이겨내기 위해서는 온 밤을 지새우며 기도하는 수밖에 다른 방법이 없다고 느꼈습니다. 그래서 작은 접시에 비스킷을 담아서 자신의 침실로 가서, 하나님 앞에 무릎을 꿇고서 온 밤을 지새워서, 자기에게 은혜를 주셔서 그 친구가 머무는 동안에 화를 내지 않고 잘 지낼 수 있게 해 주시라고 간절히 기도하고자 했습니다. 그녀가 침상 옆에서 무릎을 꿇자마자, 그녀의 생각 속에 빌립보서 4:19의 말씀이 갑자기 떠올랐습니다: "하나님이 그리스도 예수 안에서 영광 가운데 그 풍성한 대로 너희 모든 쓸 것을 채우시리라." 그 순간 그녀의 걱정과 근심과 두려움은 온데간데없이 사라졌습니다. 그녀는 이렇게 말했습니다: "나는 그 말씀을 깨닫고서는 하나님께 감사하고 그 선하심을 인하여 하나님을 찬송한 후에, 침대 속으로 뛰어 들어가서 그 밤에 잠을 아주 잘 잤습니다. 다음날 나의 손님이 왔을 때, 나는 그녀의 방문을 무척 반겼습니다."

기도의 규칙들이 이러저러하다고 분명하고 확실하게 말할 수 있는 사람은 아무도 없고, 자기 자신의 기도와 관련해서도 그런 규칙들을 말하는 것은 불가능합니다. 오직 하나님의 은혜의 성령만이 우리를 순간순간 인도하시고 지시하실 수 있을 뿐입니다. 거기에서 우리는 모든 것을 하나님께 맡겨 드려야 합니다. 하나님은 우리의 재판장이시고 우리의 인도자이십니다. 그러나 우리는 기도는 아주 다양한 측면들을 지니고 있는 것임을 기억해야 합니다. 모울(Moule) 주교가 말했듯이, "참된 기도는 무수한 상황 아래에서 나올 수 있습니다."

흔히 무거운 짐을 지고 탄식하는 것도 기도가 될 수 있고,
눈물을 흘리는 것도 기도가 될 수 있습니다.
오직 하나님만이 가까이 계실 때,
눈을 들어 위를 바라보는 것도 기도가 됩니다.

기도는 단지 당신이 구하는 것을 하나님께 아뢰는 것일 수 있습니다(빌 4:6). 기도가 언제나 싸움이고 씨름이어야 한다고 생각해서는 안 됩니다. 만일 기도가 그런 것이라면, 우리 중에서 다수는 기도하다가 이내 심신이 극도로 쇠약해지고 쓰러져서 요절하게 되고 말 것입니다.

그리고 많은 사람들은 무릎을 꿇고 오랜 시간 기도하는 것 자체가 육체

적으로 불가능합니다. 모울 주교는 이렇게 말합니다:

> 승리하는 진정한 기도는 최소한의 육신적인 노력이나 동요도 없이 끊임없이 드려집니다. 가장 승리하는 기도는 흔히 심령과 육신의 가장 깊은 고요함 가운데서 드려집니다. 그러나 그런 기도에는 또 다른 이면이 존재합니다. 그런 기도는 지극히 단순하고 전적으로 하나님을 의지하는 기도이지만, 결코 나태하고 안일한 기도는 아닙니다. 그런 기도는 사람과 하나님 간의 무한히 중요한 교제와 소통을 위한 것입니다. 그러므로 진정한 기도이기 위해서는 그 안에 수고와 애씀과 끈질김과 싸움이 있어야 하는 경우가⋯⋯비일비재합니다.

아무도 어떤 사람에게 어떻게 기도하라고 정해 줄 수 없습니다. 각자가 어떻게 기도해야 할지를 스스로 생각하고 정해야 합니다. 그리고 성령께서는 우리에게 감동을 주시고 우리를 이끄셔서 얼마나 기도해야 하는지를 가르쳐 주실 것입니다. 우리 모두는 우리 구주 하나님의 사랑으로 충만해서, 언제 어디에서 기도를 드리든, 모든 기도가 은혜를 받는 수단이자 우리의 기쁨이 되게 하여야 합니다.

> 우리의 목자이신 하나님, 이 악한 날에
> 우리의 곤경을 감해 주소서.
> 시험 가운데 있는 당신의 모든 사람들에게
> 깨어 기도할 수 있는 힘을 주소서.

......

은혜의 영을 우리에게 주셔서

다른 사람들을 위하여 믿음으로 간구하게 하소서.

당신의 얼굴을 뵈옵고

당신의 숨겨진 이름을 알게 될 때까지

우리로 씨름하게 하소서.

제8장

하나님은 언제나 기도에 응답하시는가?

우리는 이제 누구나 물을 수 있는 가장 중요한 질문들 중의 하나에 이르렀습니다. 아주 많은 것들이 우리가 이 질문에 대하여 제시하게 될 대답에 달려 있습니다. 우리는 이 질문을 공정하고 정직하게 직시하고 대면하기를 꺼려서는 안 됩니다. 하나님은 언제나 기도에 응답하십니까? 물론, 하나님이 어떤 기도들에 대하여 종종 응답하신다는 것은 우리 모두가 인정합니다. 하나님은 참된 기도에는 언제나 응답하십니다. 그러나 사람들이 기도라고 부르지만 실제로 참된 기도가 아닌 것들에 대해서는 하나님은 응답하지 않으실 뿐만 아니라 듣지도 않으십니다. 하나님은 자기 백성들이 배역한 자들이 되었을 때 그들을 향하여 "너희가 많이 기도할지라도 내가 듣지 아니하리니"(사 1:15)라고 말씀하셨습니다.

그러나 하나님의 자녀는 자신의 기도에 대해 하나님이 응답하실 것을 기대해야 합니다. 하나님은 우리의 모든 기도에 응답하고자 하시고, 진정으로 드려진 기도가 천국에서 효력을 발휘하지 못하는 일은 단 한 번이라도 있을 수 없습니다.

하지만 "만물이 다 너희 것임이라……너희는 그리스도의 것이요"(고전 3:21, 23)라는 사도 바울의 저 놀라운 선언은 대부분의 그리스도인들에게는 아주 분명하게, 그리고 아주 비극적으로 해당되지 않는 것으로 보입니다. 그런데 사실은 그렇지 않습니다. 만물은 우리의 것입니다. 다만, 우리 중에서 너무나 많은 사람들이 우리에게 주어진 우리의 소유들을 실제로 소유하지 못하고 있는 것일 뿐입니다. 퀸즈랜드에 있는 모건 산의 주인들은 그들의 발 밑에 세상에서 지금까지 알려져 있던 것들 중에서 매장량이 가장 많은 금광들 중의 하나가 존재한다는 사실을 몰랐기 때문에, 자신들의 비참한 삶을 연명해 나가기 위해서 그 산비탈의 황무지들을 여러 해에 걸쳐 피땀 흘려 개간했습니다. 그 산의 주인들은 꿈에서도 상상할 수 없었던 엄청난 부를 소유하고 있었지만, 단지 그것을 알지 못했을 뿐이었습니다. 그래서 그 부는 "그들의 것"이었지만, 그들은 그 부를 누릴 수는 없었습니다.

하지만 그리스도인들은 그리스도 예수 안에서 영광 중에 있는 하나님의 부요하심을 알지만, 그 부요하심을 어떻게 얻어야 하는지를 모르는 것으로 보입니다.

주님은 우리에게 그것들은 구하기만 하면 가질 수 있다고 말씀하시고, 실제로 우리 모두에게 기도와 관련해서 올바른 분별력을 주셔서 바르게 구할 수 있게 하십니다. 우리는 참된 기도가 아닌 것에는 하나님이 응답하지 않으신다는 것을 알기 때문에, 우리가 구하는 것은 무엇이든지 하나님이 언제나 주신다고 말하지 않습니다. 자신의 자녀가 달라고 한다고 해서 무엇이든지 다 주는 그런 어리석은 부모가 어디 있겠습니까? 우리 자녀가 시뻘겋게 달구어진 부지깽이를 달라고 해도, 우리는 그것을 주지 않습니다! 부자들은 자신들의 자녀에게 용돈을 많이 주지 않기 위해서 무척 신경을 씁니다.

하나님이 우리가 기도하는 모든 것을 우리에게 주신다면, 세상을 다스리는 것은 하나님이 아니라 우리가 될 것입니다! 그리고 분명히 우리 모두는 우리에게는 세상을 다스릴 능력이 없다는 것을 인정할 것입니다. 게다가, 여럿이 세상을 다스리는 것은 절대적으로 불가능합니다!

기도에 대한 하나님의 응답은 들어주시겠다는 것일 수도 있고 들어주실 수 없다는 것이 될 수도 있지만, 하나님이 우리가 구한 것보다 훨씬 더 큰 복을 계획하고 계시고, 거기에 우리의 삶만이 아니라 다른 사람들의 삶도 연관되어 있는 경우에는 "기다려라"가 될 수도 있습니다.

하나님의 대답은 어떤 때에는 들어줄 수 없다는 것일 수도 있지만, 그것은 간구하는 사람의 삶 속에 그도 알지 못하는 죄가 있을 수는 있겠지만 반드시 그가 아는 고의적인 죄가 있다는 것을 보여 주는 증거인 것은 아닙니다. 하나님은 사도 바울의 기도에도 종종 들어줄 수 없다고 하셨습니다(고후 12:8-9). 그러한 거절의 대답은 우리의 무지에 기인한 것이거나 이기적으로 구했기 때문인 경우가 많습니다. "우리는 마땅히 기도할 바를 알지 못하나"(롬 8:26). 세배대의 아들들의 어머니가 잘못한 것이 바로 그것이었습니다. 그녀는 주님께로 가서 경배하고 자기가 구하는 것을 달라고 기도했습니다. 그러자 주님은 신속하게 "너희는 너희가 구하는 것을 알지 못하는도다"(마 20:22)라고 대답하셨습니다. 위대한 기도의 사람 엘리야도 종종 하나님으로부터 거절의 대답을 들었습니다. 그러나 그가 불병거를 타고 승천하는 영광을 얻게 되었을 때, 과연 자신이 전에 "여호와여 지금 내 생명을 거두소서"(왕상 19:4)라고 부르짖어 기도했을 때 하나님이 들어주시지 않아서 다행이라고 생각하지 않았겠습니까?

하나님으로부터 종종 "기다려라"는 대답이 오기도 합니다. 하나님이 그렇게 대답하시는 것은 하나님과 씨름했던 야곱 같이 우리가 아직 우리의 구한 것을 받을 준비가 되어 있지 않기 때문입니다. 당신은 아우구스티누스의 저 유명한 기도를 기억하십니까? 그는 "하나님, 나를 정결하게 만들어 주소서"라고 기도했지만, 거기에 "그러나 지금은 아닙니다"라는 말을 덧붙였습니다. 우리의 기도도 종종 그 같은 기도이지 않습니까? 하나님이 우리의 기도에 응답해 주셨을 때, 우리가 그 대가를 진정으로 치를 준비가 아직되어 있지 않은 경우가 있기 때문에, 우리는 늘 실제로 우리에게 주어질 "잔을 마시고" 싶어 하지는 않습니다. 또한, 하나님은 종종 자신에게 더 큰 영광이 돌아올 수 있도록 하시기 위해 우리의 기도에 대한 응답을 지체하기도 하십니다.

하나님이 응답을 지체하신다고 해서, 그것이 곧 우리의 기도에 대한 응답의 거절인 것은 아닙니다. 우리는 어떤 때에는 하나님이 응답을 지체하시는 이유를 알지 못하지만, 어떤 때에는 우리가 "부르기 전에" 응답하십니다(사 65:24). 모든 시대를 통틀어서 가장 위대한 기도의 사람들 중의 한 사람이었던 조지 뮬러도 한 친구의 회심을 위해서 무려 63년 이상을 기도해야 했습니다! 그는 이렇게 말했습니다: "중요한 것은 응답이 올 때까지 결코 포기하지 않는 것입니다. 나는 한 사람의 회심을 위해서 63년하고도 8개월을 기도해 왔습니다. 그는 아직 회심하지 않았지만, 반드시 하게 될 것입니다! 그가 어떻게 회심하지 않고 배기겠습니까? 여호와의 약속은 변할 수 없고, 나는 그 점을 믿습니다." 그의 기도에 대한 응답의 이러한 지체는 마귀의 끈질긴 방해 때문이 아니었겠습니까(단 10:13)? 그것은 뮬러의 믿음을 흔

들어 놓거나 부수기 위해서 사탄이 오랜 세월 동안 강력한 방해공작을 폈기 때문이 아니겠습니까? 뮬러가 죽자마자 장례식을 치르기도 전에 결국 그 친구는 회심했습니다.

응답이 오는 데 아주 오랜 세월이 걸리기는 했지만, 그의 기도는 이루어졌습니다. 하나님은 조지 뮬러가 드린 수많은 간구들을 들어주셨기 때문에, 그가 한 번은 다음과 같이 말하며 하나님을 찬송한 것은 이상한 일이 아닙니다: "우리가 상대하는 한 분 유일하신 하나님은 얼마나 선하시고 인자하시며 은혜가 풍성하시고 스스로를 낮추어 겸비하신지 모릅니다! 나는 단지 가련하고 부서지기 쉬운 죄악된 인간일 뿐인데도, 하나님은 나의 기도를 수만 번은 들어주셨으니까요."

아마도 어떤 사람들은 "하나님의 대답이 거절인지 아니면 기다리라는 것인지를 어떻게 알 수 있습니까"라고 물을 것입니다. 우리는 하나님이 우리로 하여금 거절의 대답을 얻기 위하여 63년 동안 기도하게 하지는 않으실 것이라고 확신할 수 있습니다. 아주 오랫동안 반복적으로 계속된 한 친구를 위한 뮬러의 기도는 하나님은 "아무도 멸망하지 아니하고"(벧후 3:9) "모든 사람이 구원을" 받기를 "원하신다"(딤전 2:4)는 진리의 지식에 토대를 두고 있었습니다.

내가 이 글을 쓰고 있을 때, 우체부가 그것을 보여 주는 예화를 내게 전해 줍니다. 나에게 아주 가끔씩 편지를 하는 분에게서 서신이 한 통 왔는데, 그 이름만 대면 영국의 모든 기독교 사역자들이 다 아는 그는 나의 주소조차 제대로 알지 못합니다. 그가 사랑하는 사람이 병에 걸렸습니다. 그는 그녀의 회복을 위해 계속해서 기도해야 합니까? 하나님의 대답은 거절일까요, 아니면 "계속해서 기도하며 기다리라"일까요? 내 친구는 이렇게 씁니다: "나는 나의 사랑하는 사람과 관련해서 하나님으로부터 분명한 인도하심을 받았습니다 …… 그것은 그녀를 데려가시는 것이 하나님의 뜻이라는 것이었습니다 …… 나는 하나님의 뜻에 순복하여 조용히 물러났습니다. 하나님은 찬송 받으시기에 합당하신 분이십니다." 몇 시간 후에 하나님은 그의 사랑하는 사람을 영광 중에 자신과 함께 있게 하시기 위하여 데려가셨습니다.

나는 다시 한 번 독자들에게 다음과 같은 진리를 꼭 붙드시라고 강권하고 싶습니다: 참된 기도가 응답받지 못하는 일은 결코 없습니다.

우리가 우리의 기도들에 대해 더 많이 숙고하기만 한다면, 우리는 우리의 기도에 대해 좀 더 잘 알고서 기도하게 될 것입니다. 이것은 진부하고 뻔한 얘기처럼 들립니다. 그러나 내가 이런 말을 하는 이유는 일부 그리스도인들은 상식과 이성을 제쳐둔 채로 기도하는 것으로 보이기 때문입니다. 조금만 생각해 보면, 어떤 기도들은 하나님이 들어주실 수 없으시다는 것이 금방 드러납니다. 전쟁이 벌어지고 있는 동안에 모든 나라의 사람들은 각자의 승리를 위해 기도했습니다. 하지만 모든 나라가 다 승리할 수 없다는 것은 너무나 분명합니다. 함께 사는 두 사람 중에서 한 사람은 비를 내려 달라고 기도했고, 다른 한 사람은 청명한 날씨가 되게 해 달라고 기도했다고 합시다. 하나님이 그 두 사람의 기도를 동시에 들어주실 수 없다는 것은 너무나 분명하지 않습니까!

그러나 기도와 관련한 이 문제에서 중요한 것은 하나님의 참되심입니다. 우리는 모두 기도에 대한 주님의 저 놀라운 약속들을 다시 읽으면서, 주님이 "무엇이든지"라고 말씀하심으로써 그 약속들의 범위에 한정이 없고, 우리가 원하는 것들을 구할 때에 기꺼이 들어주시겠다고 하는 주님의 태도에 거의 기절초풍할 지경이었습니다. 게다가, 성경은 "오직 하나님은 참되시다 할지어다"(롬 3:4)라고 말합니다. 하나님은 언제나 "참되신 분으로 발견되실" 것임은 확실합니다.

하나님이 모든 기도를 들어주셨느냐고 필자에게 물어보시면, 나는 그렇지 않았다고 대답할 것입니다. 만일 하나님이 나의 모든 기도를 들어주었더라면, 그것은 내게 복이 아니라 저주가 되었을 것입니다. 또한, 나의 어떤 기도들에 대해서 응답해 주시는 것은 안타깝게도 영적으로 불가능한 일이었습니다. 왜냐하면, 나는 내가 구한 것들을 받을 준비가 되어 있지 않았기 때문입니다. 그리고 만일 하나님이 나의 어떤 기도들을 들어주셨더라면, 나는 영적으로 교만해지고 자만에 빠져 버렸을 것입니다. 지금은 내가 성령의 좀 더 온전한 조명을 받고 있기 때문에, 이 모든 것들이 내게 아주 분명하게 보입니다!

우리 자신을 뒤돌아보고서는, 우리가 간절하고 열렬하게 기도하기는 하지만, 섬김과 참된 영적인 삶을 사는 데는 형편없이 부족하다는 것을 깨닫게 되면, 우리는 하나님이 우리에게 그토록 주고 싶어 하시는 것들을 주실 수 없는 이유를 알게 됩니다! 그것은 흔히 하나님의 바다 같이 넓은 사랑을 작은 그릇만한 우리의 심령에 다 부어 주시라고 구하는 것과 같습니다! 그럼에도 불구하고, 하나님은 우리에게 온갖 신령한 복을 부어 주시기를 아주 간절히 원하십니다! 사랑하시는 구주께서는 "내가 …… 몇 번이더냐 그러나 너희가 원하지 아니하였도다"(마 23:37)고 여러 번 말씀하지 않으셨습니까! 안타깝고 애석한 것은 우리는 자주 구하여도 우리 자신이 준비가 되어 있지 않아서 받지 못하는 것인데도, 마치 하나님이 우리의 기도에 응답해 주지 않으신다는 듯이 불평한다는 것입니다. 주 예수님은 육신의 아버지가 자신의 자녀들에게 기꺼이 좋은 것들을 주고 싶어 하고 실제로 주는 것과 마찬가지로 하나님도 우리에게 기꺼이 성령을 주셔서 어떻게 기도해야 하는지를 가르쳐 주고 싶어 하신다고 선언하십니다. 그러나 자녀가 그것들을 사용할 줄 모른다면, 그것들은 그들에게 "좋은 것들"일 수 없습니다. 하나님은 우리가 하나님의 영광을 위하여 사용할 수 없거나 사용하고자 하지 않는 어떤 것을 결코 우리에게 주시지 않습니다(여기에서 나는 우리가 악용할 수도 있고 사용하지 않고 "묻어 둘" 수도 있는 달란트들이 아니라 영적인 은사들에 대해 말하고 있습니다).

당신은 어떤 갓난아기가 면도칼을 달라고 한다고 해서, 그 아기의 아버지가 아기가 어른이 되면 유용하게 사용하기를 희망하면서 그 아기에게 면도칼을 주는 것을 본 적이 있습니까? 어떤 아버지든지 자신의 아기에게 "네가 나이가 더 들거나 몸집이 더 커지거나 더 지혜로워지거나 더 힘이 세질 때까지 기다려라"고 말하지 않겠습니까? 마찬가지로, 하늘에 계신 우리의 사랑하시는 아버지께서도 우리에게 "기다려라"고 말씀하지 않으시겠습니까? 우리는 그 때에는 무지하고 눈이 멀어서 그것을 구했지만, 언젠가는 분명히 이렇게 고백하게 될 것입니다:

우리가 구한 것들 중에서
우리의 연약함으로 인하여 악용할 것을

당신은 다 아시고,

바로 그 사랑 속에서 거절하신 것이라네.

하나님은 우리에게 내일 주셔야 할 것을 오늘 주시는 법이 결코 없으시다는 것을 믿으십시오. 주시고 싶지 않으시기 때문도 아니고, 인색하거나 옹졸하시기 때문도 아닙니다. 하나님이 소유하신 자원은 무한하고, 하나님의 길은 무궁무진하여 가늠하는 것이 불가능합니다. 주님은 자신의 제자들에게 구하라고 명령하신 후에, 계속해서 하나님의 섭리만이 아니라 하나님의 무한한 자원에 대해서도 암시하셨습니다. "공중의 새를 보라 …… 너희 하늘 아버지께서 기르시나니"(마 6:26). 이 말씀은 아주 간단해 보입니다. 하지만 전 세계를 통틀어서 모든 "공중의 새"를 단 하루라도 먹일 수 있을 정도의 부를 지닌 갑부가 단 한 명이라도 있는지를 당신은 생각해 본 적이 있습니까? 하늘에 계신 당신의 아버지는 그 모든 새들을 날마다 먹이시고, 그렇게 하시는데도 하나님의 소유는 조금도 줄어들지 않습니다. 그런 하나님이 새보다 더 귀한 당신을 더 좋은 것으로 먹이시고 입히시며 돌보실 것은 두말할 필요가 없지 않겠습니까?

우리는 더욱더 기도에 의지해야 합니다! 우리는 "그가 자기를 찾는 자들에게 상 주시는 이심을" 알고 있지 않습니까(히 11:6)? 성령의 "기름"은 그것을 받을 빈 그릇들이 있는 한 결코 그치지 않을 것입니다(왕하 4:6). 성령의 역사가 그쳤다면, 그 책임은 언제나 우리에게 있습니다. 하나님은 어떤 그리스도인들에게는 성령의 충만을 주실 수 없으시고, 어떤 사역자들의 수고에는 분명한 영적인 열매가 맺히게 하실 수 없으십니다. 왜냐하면, 하나님은 그들을 성령으로 충만하게 하시거나 그들의 수고가 열매를 맺게 하시면, 그들이 교만해지고 헛된 영광을 구하게 될 것을 아시기 때문입니다. 그러므로 우리는 하나님이 모든 그리스도인들에게 그들이 구하는 모든 것을 주셔야 한다고 주장해서는 안 됩니다.

우리가 앞의 장에서 보았듯이, 우리의 기도가 그리스도의 이름으로 드려지려면, 순전한 마음과 순전한 동기와 순전한 소원이 우리에게 있어야 합니다. 하나님은 그의 약속들보다 더 크시고, 흔히 우리가 구하거나 받을 만한 것보다 더 많은 것을 주시지만, 언제나 그렇게 하시는 것은 아닙니다. 그러므로 우리의 어느 특정한 간구가 응답되지 않았다면, 우리는 하나님이 우리에게 우리 자신의 마음을 살펴보라고 하시는 것임을 알아야 합니다. 왜냐하면, 하나님은 진정으로 그리스도의 이름으로 드려진 모든 기도에 응답하시겠다고 약속하셨기 때문입니다. 그리스도께서 기도에 대해 약속하신 저 복된 말씀은 아무리 많이 반복해도 지나칠 수 없기 때문에, 여기에서 다시 한 번 그 말씀을 보겠습니다: "너희가 내 이름으로 무엇을 구하든지 내가 행하리니 이는 아버지로 하여금 아들로 말미암아 영광을 받으시게 하려 함이라 내 이름으로 무엇이든지 내게 구하면 내가 행하리라"(요 14:13-14).

그리스도께서 응답되지 않는 기도를 드리시는 것은 불가능하였다는 것을 기억하십시오. 그리스도는 하나님이셨고, 하나님의 마음과 생각을 아셨으며, 성령의 마음과 생각을 지니셨습니다.

그리스도께서는 겟세마네 동산에서 무릎 꿇고 "통곡과 눈물로" 힘쓰고 애써 기도하실 때, "내 아버지여 만일 할 만하시거든 …… 하옵소서"(마 26:39)라고 기도하셨고, "그의 경건하심으로 말미암아 들으심을 얻으셨습니다"(히 5:7). 주님의 기도가 응답을 받은 이유는 그가 "힘쓰고 애쓰며" 기도했기 때문이 아니라, 그가 아들로서 아버지를 경외하셨기 때문이었습니다. 마찬가지로, 하나님이 우리의 기도를 받으시고 들으시는 것도 우리가 끈질기게 간청하기 때문이 아니라, 우리가 하나님의 자녀로서 기도하기 때문입니다.

형제 그리스도인이여, 우리는 겟세마네 동산에서 그리스도께서 하나님께 기도를 드리신 두려운 외경과 놀라움으로 가득한 저 거룩한 장면을 온전히 이해할 수 없습니다. 그러나 우리가 아는 것은 주님은 결코 지킬 수 없으신 약속이나 지키고자 하지 않으신 약속을 하지 않으셨다는 것입니다. 성령은 우리를 위해 중보기도를 하시고(롬 8:26), 하나님은 성령의 기도를 안 들어주실 수 없습니다. 주 예수님은 우리를 위해 중보기도를 하고 계시고(히 7:25), 하나님은 예수님의 기도를 안 들어주실 수 없습니다. 예수님의 기도는 우리 같은 사람 천 명이 기도하는 것보다 더 가치가 있지만, 우리에게 기도하라고 명령하시는 분은 바로 예수님입니다!

당신은 이렇게 반문할지도 모릅니다: "그러나 사도 바울은 성령으로 충만하였고, 우리가 그리스도의 마음을 가지고 있다고 말했으면서도, 하나님께 자신의 육체에 있는 '가시'를 없애 달라고 세 번이나 기도하였고, 하나님은 그에게 그렇게 해 주지 않겠다고 분명히 말씀하지 않았습니까?"

그것은 사도 바울이 자신의 서신에 기록한 간구들 중에서 개인적인 문제에 속한 것을 구한 유일한 간구였고, 하나님이 그의 그런 간구를 거절하셨다는 점에서 매우 이례적인 일입니다! 하지만 문제는 사도 바울은 자기가 그리스도의 "마음"을 가졌다고 말했으면서도, 하나님이 원하시는 것이 아니라는 것이 금세 밝혀지게 될 것을 구한 이유가 무엇이냐 하는 것입니다. 이 글을 읽고 있는 온전히 성별된 그리스도인들 중에는 하나님이 그들이 기도한 것들을 들어주지 않으셔서 당혹스러웠던 사람들이 많이 있을 것이 틀림없습니다.

우리는 성령으로 충만한 자들이라고 할지라도 판단이나 원하는 것에서 잘못을 범할 수 있다는 것을 기억해야 합니다. 또한, 우리는 한번 하나님의 성령으로 충만해졌다고 해서 그 상태가 계속해서 그대로 유지되는 것이 아니라는 것도 기억해야 합니다. 악한 자 마귀는 자신의 생각을 우리 속에 넣어서 우리를 통해 하나님을 공격하려고 언제나 호시탐탐 노리고 있습니다. 언제든 우리는 마귀의 속임수에 넘어가서 불순종이나 불신앙에 빠질 수 있고, 사랑의 성령을 거스르는 생각이나 행동을 할 수 있습니다.

우리는 사도 베드로의 삶에서 그러한 깜짝 놀랄 만한 예를 봅니다. 어느 때에 그는 하나님의 성령의 강력한 감화를 따라 "주는 그리스도시요 살아계신 하나님의 아들이시니이다"(마 16:16)라고 고백합니다. 주님은 그를 돌아보시며 "바요나 시몬아 네가 복이 있도다 이를 네게 알게 한 이는 혈육이 아니요 하늘에 계신 내 아버지시니라"(17절)라고 크게 칭찬하시는 말씀을 하십니다. 하지만 잠시 후에 마귀가 사도 베드로에게 자신의 생각을 주입해서, 주님이 자기가 예루살렘에 올라가서 죽임을 당하고 다시 살아나게 될 것이라고 말씀하신 것을 정면으로 반대하며 그렇게 하지 마시라고 가로막게 만들자, 주님은 돌이켜 그를 보시며 "사탄아 내 뒤로 물러 가라"(마 16:23)고 말씀하십니다. 방금 전에만 해도 성령의 강력한 감동을 따라 고백했던 사도 베드로가 이제는 사탄의 이름으로 말하고 있는 것입니다! 사탄은 이렇게 지금도 우리를 "자신의 손아귀에 넣고서 자기 마음대로 조종하고 싶어" 합니다.

사도 바울은 자신의 육체에 있는 "가시"가 제거되면 자신의 사랑하는 주님을 위해 훨씬 더 잘 일할 수 있을 것이라고 생각하는 유혹에 빠졌습니다. 그러나 하나님은 바울이 "가시"가 없을 때가 아니라 있을 때에 더 나은 사람이 될 것임을 알고 계셨습니다.

우리에게 장애물이라고 생각되는 어떤 바람직하지 않은 것이 우리에게서 제거될 때보다도 그것을 그대로 지니고 있을 때, 우리가 하나님께 더 큰 영광을 돌려 드릴 수 있다는 사실은 우리에게 위로와 힘이 되지 않습니까? "내 은혜가 네게 족하도다 이는 내 능력이 약한 데서 온전하여짐이라"(고후 12:9). 다음과 같은 것을 기억하십시오:

하나님은 자신이 원하시는 것 외에는
그 어떤 것도 행하지 않으시고 이루어지게 하시지도 않으신다네.
하나님이 행하시는 모든 것의 목적은
오직 하나님 자신이시고
오직 그것 외에는 아무것도 보지 않으신다네.

사도 바울은 무오하지 않았고, 사도 베드로나 요한도 마찬가지였으며, 교황을 비롯해서 그 어떤 사람도 마찬가지입니다. 우리는 잘못된 기도를 드릴 수 있고 실제로 그런 기도를 드립니다. "하나님, 당신의 길은 나의 길과 다릅니다"가 아니라, "하나님, 당신의 길이 곧 나의 길입니다"가 최고의 기도입니다. 주님은 우리에게 "주의 뜻을 바꾸어 주소서"가 아니라 "주의 뜻이 이루어지게 하소서"라고 기도하도록 가르치셨습니다.

끝으로, 우리는 하나님을 믿을 수 있고 신뢰할 수 있다는 것을 증명한 두 사람의 증언을 들어 보겠습니다.

위대한 탐험가였던 스탠리(H. M. Stanley) 경은 이렇게 썼습니다:

나로서는 기도는 효과가 없다고 말하는 것은 감히 있을 수 없는 일입니다. 내가 간절히 기도했을 때마다, 나의 기도는 늘 응답을 받았습니다.

나의 이 간절한 기도들은 주로 무엇으로 이루어졌을까요?

나는 주기도문을 무수히 반복해서 기도했습니다. 하지만 내 생각은 흔히 주기도문에서 말하는 내용과는 상관없이 따로 놀았다는 것을 나는 고백하지 않을 수 없습니다. 그러나 내가 나를 따르는 사람들을 인도해서 그들을 괴롭히는 위험들을 지혜롭게 벗어날 수 있게 해 줄 빛을 기도했을 때, 나의 혼란한 생각에 한 줄기 빛이 비쳤고, 그들을 건져낼 뚜렷한 길이 내게 보였습니다 ……

하나님이 우리의 기도에 응답하여 일어서셔서 두 발로 우뚝 서실 때, 우리 자신의 문제를 하나님 앞에 내맡긴 우리에게 저 만족의 환희가 충만히 밀려오는 것을 통해서, 우리는 우리의 기도가 언제 응답되는지를 알 수 있습니다 ……

나는 기도들이 응답된다는 것을 보여 주는 증거들을 내 자신이 스스로 만족할 정도로 충분히 갖고 있습니다.

메리 슬레서(Mary Slessor)가 서아프리카에서 살아 온 삶에 관한 이야기는 우리 모두로 하여금 전율을 느끼게 하기에 충분한데, 한 번은 기도가 그녀에게 무엇을 의미하느냐는 질문을 받고, 그녀는 이렇게 대답했습니다:

나의 일생은 내가 날마다 그리고 시간마다 기도해서 응답받은 것들을 하나로 길게 기록해 놓은 것입니다. 내가 육신의 건강을 위해서 기도했을 때에는 건강 문제를 해결해 주셨고, 정신적으로 너무나 많은 스트레스와 긴장을 해결해 달라고 기도했을 때에는 그 문제를 풀어 주셨으며, 인도하심을 구했을 때에는 놀랍고 경이롭게 나를 인도해 주셨고, 실수들과 위험들을 피하게 해 달라고 기도했을 때에는 내가 그런 것들을 피할 수 있게 해 주셨으며, 복음에 대한 사람들의 적대감을 놓고 기도했을 때에는 그 적대감을 굴복시켜 주셨고, 필요한 음식을 위해 기도했을 때에는 정확히 필요한 그 때에 음식을 공급해 주셨으며, 나의 삶과 나의 보잘것없는 섬김을 위해 필요한 모든 것들을 구할 때마다 내 기도에 응답해 주셨습니다. 나는 너무나 놀라운 경이로움과 경외감으로 하나님이 기도에 응답하신다는 것을 믿는다고 증언할 수 있습니다. 나는 하나님이 기도에 응답하신다는 것을 압니다.

제9장
기도에 대한 응답들

    단순히 인간적인 생각으로는 나는 이 장에 더 멋지고 그럴듯한 제목을 붙이고 싶습니다. 이를테면 "기도에 대한 놀랍고 경이로운 응답들" 같은 제목이 그런 것일 것입니다. 그러나 우리는 하나님이 우리에게 우리가 하나님께 기도하고 하나님이 그 기도에 응답하시는 것은 아주 자연스러운 일이라는 것을 가르쳐 주실 수 있게 해 드려야 합니다. 하나님은 우리의 간구를 들으시는 것을 너무나 기뻐하시고, 그 간구들에 응답하시는 것을 너무나 좋아하십니다! 어느 부자가 가난에 찌들려 살아가는 사람들에게 후한 대접을 했다거나, 엄청난 적자 상태에 있는 선교회의 빚을 다 갚아 주었다는 말을 들을 때, 우리는 "그 같은 일을 하다니 아주 훌륭해"라고 감탄합니다. 하나님이 우리를 사랑하시는 것이 사실이라면 — 그리고 우리는 그것이 사실이라는 것을 압니다 — 당신은 우리가 구하는 것들을 우리에게 주시는 것이 하나님에게 큰 기쁨이 될 것이라고 생각하지 않습니까? 그러므로 우리는 우리가 알게 된 수많은 기도 응답들 중에서 한두 가지를 자세하게 살펴서, 우리가 한층 더 담대하게 은혜의 보좌 앞으로 나아갈 수 있게 해야 합니다.

    하나님은 우리가 기도하는 사람들을 구원하십니다. 한 번 시험해 보십시오.

며칠 전에 한 기도의 사람과 이 문제를 놓고 얘기를 하다가, 그가 갑자기 내게 "L 지역에 있는 M 교회를 아십니까?"라고 물었습니다.

"아주 잘 알지요. 거기에 몇 번 가 본 적이 있습니다."

"내가 거기에 살았을 때 무슨 일이 있었는지 아십니까? 우리는 매주일마다 8시에 성찬식을 거행하기 전에 기도 모임을 가졌습니다. 어느 주일에 우리가 무릎을 꿇고 기도하고 나서 일어섰을 때, 한 집사님이 교구목사에게 이렇게 말했습니다: '목사님, 내 아이를 위해 기도해 주셨으면 합니다. 그 아이는 스물두 살이고, 여러 해 동안 교회에 나오지 않았습니다.' 그 교구목사는 '우리에게 지금 5분의 시간이 있습니다'라고 대답했고, 그들은 다시 무릎을 꿇고, 그 청년을 위해 간절히 기도를 드렸습니다. 이 일에 대해 그 청년에게 아무 말도 하지 않았지만, 그 청년은 그 날 저녁에 교회에 왔고, 설교 중에 자신의 죄를 깨닫고서는, 통회하는 마음이 되어서 예배위원실을 찾아와서, 예수 그리스도를 자신의 구주로 영접했습니다."

어느 월요일 아침에 그 교구에서 전도 봉사대 대장으로 일하고 있는 내 친구가 매주마다 열리는 사역자 회의에 참석했습니다. 그는 그 교구목사에게 이렇게 말했습니다: "어젯밤의 그 회심은 기도하라는 하나님으로부터의 도전입니다. 우리가 그 도전을 받아들여야 하지 않겠습니까?" 그 교구목사는 "무슨 말씀을 하시는 것입니까?"라고 물었습니다. 그는 "우리가 이 지역에서 가장 악한 사람을 선택해서 그를 위해 기도하면 어떻겠습니까?"라고 말했습니다. 그들은 자신들이 그 지역에서 가장 악한 사람으로 K를 만장일치로 지목했습니다. 그래서 그들은 K의 회심을 위해 기도하기로 "의견의 일치를 보았습니다." 그 주간의 끝에 그들이 선교관에서 토요일 밤 기도회를 갖고서 그의 이름을 부르며 그의 회심을 위해 기도하고 있을 때, 문이 활짝 열리면서, 바로 그 K라는 사람이 술에 취해서 비틀거리며 들어 왔습니다. 그는 전에는 이 선교관에 한 번도 온 적이 없었습니다. 그는 모자를 벗을 생각도 하지 않고 문 옆의 의자에 털썩 앉아서는 자신의 머리를 손으로 감쌌습니다. 기도회는 순식간에 구도자의 방이 되었습니다. 그는 술에 취해 있기는 했지만, 그를 찾고 계시는 주님을 찾았고, 그 후로는 이전의 모습으로 되돌아가지 않았습니다. 오늘날 그는 그 지역의 조선소에서 활동하는 가장 훌륭한 선교사들 중 한 사람입니다.

왜 우리는 아직 회심하지 않은 우리의 친구들을 위해 기도하지 않습니까? 우리가 그들을 찾아가서 믿으라고 권하면, 그들은 우리의 말을 들으려고 하지 않을 수 있습니다. 그러나 우리가 그들을 위해 기도하면, 그들은 버틸 수 없습니다. 두세 사람이 합심하여 그 지역에서 가장 악한 사람의 구원을 위해 기도했을 때, 하나님이 어떻게 응답하셨는지를 보십시오! 하나님 앞에 나아가서 아뢴 후에 하나님께 맡겨 드리십시오. 하나님은 "신비스러운 은밀한" 방식으로 역사하실 뿐만 아니라 놀랍고 경이로운 방식으로 역사하십니다. 하나님이 자신의 기이한 일들을 행하시게 맡겨 드리십시오.

댄 크로포드(Dan Crawford)는 최근에 우리에게 자기가 휴가를 끝내고 선교지로 돌아갈 때 아주 급하게 서둘러서 돌아가야 했다고 말했습니다. 그러나 그가 건너야 했던 깊은 강이 홍수로 물이 불어서 배를 띄울 수가 없었습니다. 그래서 그와 그의 일행은 그 강 앞에 천막을 치고 거기에서 기도했습니다. 한 믿지 않는 사람이 하나님이라고 해서 어떻게 그들이 그 강을 건널 수 있게 해 주시겠느냐고 말하며 큰 소리로 비웃었습니다! 그러나 그들이 기도했을 때, 그 강과 수십 년 동안 싸워 왔던 한 큰 나무가 흔들거리기 시작하더니 결국 쓰러졌고, 순식간에 정확히 그 강을 가로지르는 다리가 되었습니다! 크로포드의 말을 그대로 인용하자면, "천국의 왕에게 속한 기술자들이 하나님의 종들이 건널 수 있도록 그 강에 임시로 부교를 놓았습니다."

많은 젊은이들이 기도에 관한 이러한 이야기들을 읽고 있을 것입니다. 나는 그들에게 하나님이 여전히 젊은 남녀 청년들의 목소리를 들으신다는 것을 상기시켜 주고 싶습니다(창 21:17). 기도가 그들의 자산이 되고 그들의 삶이 되며 기도 응답이 그들의 매일의 경험이 되었으면 좋겠다고 간절히 바라는 마음에서, 나는 그들에게 다음과 같은 이야기를 추가로 들려주고자 합니다.

마나시(Ma-Na-Si)라는 이름을 가진 열두 살 된 중국 소년은 산둥 반도의 지푸(Chefoo)에 있는 한 미션스쿨의 기숙사에 머물며 공부를 하다가, 얼마 전에 방학을 맞아서 집으로 갔습니다. 그는 중국인 목회자의 아들이었습니다.

그 소년은 집에 도착해서 현관에 서 있다가, 어떤 사람이 말을 타고 자기에게 오고 있는 것을 발견했습니다. 불신자였던 그 사람은 몹시 초조하고 어쩔 줄 몰라 하는 모습이었습니다. 그는 소년에게 "예수의 사람"을 만나게 해 달라고 간절하게 청을 했습니다. 소년은 그 사람에게 자기 아버지가 지금은 출타하시고 집에 계시지 않는다고 말했습니다. 그 가련한 사람은 몹시 괴로워하며, 자기가 이렇게 찾아온 이유를 황급히 설명했습니다. 자기는 여기에서 몇 마일 떨어진 곳에 있는 불신자들이 사는 마을에서 왔는데, 자기 친구의 의붓딸이 귀신에 들려서 그 귀신을 쫓아내기 위해 "예수의 사람"을 모시러 왔다는 것이었습니다. 그 사람은 이 젊은 여자가 지금 얼마나 참담한 지경에 있는지를 소년에게 넋두리하듯 쏟아 놓았습니다. 그 여자는 귀신들에게 사로잡혀서 헛소리를 하고 욕을 하며 자신의 머리카락을 뽑고 얼굴을 할퀴며 입고 있던 옷을 찢어 버리고 가구들과 그릇들을 닥치는 대로 부순다는 것이었습니다. 또한, 그 여자는 하나님에 대하여 입에 담지 못할 신성모독적인 말들을 쏟아내며 노골적으로 하나님을 모독하는 말들을 거침없이 뱉어낸 후에는 입에 거품을 물고 녹초가 되어 쓰러져서, 심신이 극도로 쇠약해져 있다고 그는 말했습니다. 하지만 소년은 "아버지는 지금 집에 계시지 않습니다"라는 말만을 반복할 수밖에 없었습니다. 결국 혼이 반쯤은 나가 있던 그 사람은 그 말을 받아들이는 듯이 보였습니다. 그런데 갑자기 그는 무릎을 꿇고서 절박하게 손을 내밀며 이렇게 소리쳤습니다: "너도 예수의 사람이지 않느냐. 그러니 네가 가 주지 않겠니?"

생각해 보십시오. 그는 이제 겨우 열두 살짜리 소년이었습니다! 그러나 비록 어릴지라도 구주께 온전히 드려진 아이는 구주께서 자기를 사용하시도록 내어드리는 것을 두려워하지 않습니다. 소년은 잠시 놀라고 주저했지만, 그것도 한순간 그랬을 뿐이었고, 그런 후에는 자신을 주님의 처분에 온전히 맡겼습니다. 그는 옛적의 어린 사무엘처럼 모든 일에서 하나님께 기꺼이 순종하고자 했습니다. 그는 그 사람의 간곡한 청을 하나님의 부르심으로 받아들였습니다. 그 낯선 불신자는 말 안장 위로 뛰어 올라서 이 그리스도인 소년을 자신의 등 뒤에 태우고서는 재빨리 말을 타고 달렸습니다.

소년은 여러 가지를 생각하기 시작했습니다. 자기는 이미 그리스도 예수의 이름으로 귀신을 쫓아내 달라는 초대를 받아들였습니다. 그러나 과연 자기가 하나님에 의해서 이런 식으로 사용될 자격이 있는 것인가? 이런 식으로 쓰임받을 정도로 자신의 마음은 순전하고 자신의 믿음은 강한가? 말을 타고 달리는 동안에, 소년은 자기가 고백하고 회개해야 할 죄가 있는지, 자신의 마음을 주의 깊게 살폈습니다. 그런 후에, 무엇을 말하고 어떻게 행해야 할지를 인도해 주시라고 기도했고, 성경에서 귀신이 쫓겨나간 일들에 대해 기록하고 있는 본문들과 그 귀신들을 어떻게 다루었는지를 보여 주는 본문들을 떠올리려고 애썼습니다. 그런 다음에는, 자기 자신을 능력과 자비의 하나님께 겸손히 무조건적으로 맡기고서, 주 예수님의 영광을 위하여 하나님의 도우심을 구하였습니다. 집에 도착해 보니, 그 가족에 속한 몇몇 사람들이 그 괴로워하는 여자를 침대에 눕히고 꽉 붙잡아서 소동을 부릴 수 없게 하고 있었습니다. 그녀는 예수의 사람을 부르러 사람을 보냈다는 것을 전혀 알지 못하고 있었는데도, 바깥마당에서 사람들의 발걸음 소리가 들리자마자, 이렇게 소리쳤습니다: "내가 빨리 피해야 하니까 모두 나를 놓아 주세요. 나는 도망가야 해요! '예수의 사람'이 오고 있어요. 나는 그를 감당할 수 없어요. 그의 이름은 마나시예요."

소년 마나시는 방에 들어가서, 사람들에게 인사를 한 후에 무릎을 꿇고 기도하기 시작했고, 주 예수님을 찬송하는 찬송가를 불렀습니다. 그런 후에, 소년은 부활하신 주님, 영광을 입으신 전능하신 주님의 이름으로 귀신에게 그 여자에게서 나오라고 명령했습니다. 그 즉시 그녀는 힘을 잃고 축

늘어지기는 했지만, 잠잠해졌습니다. 그 날 이후로 그녀는 건강을 완전히 되찾았습니다. 그녀는 자기가 그 그리스도인 소년의 이름을 말했다는 것을 사람들로부터 전해 듣고서는 깜짝 놀랐습니다. 그 마을 전체는 불신자들뿐이어서, 그녀는 그 소년의 이름을 한 번도 들은 적도 없었고 책에서 읽은 적도 없었기 때문이었습니다. 그러나 그녀에게서 귀신이 쫓겨나간 그 날은 그 마을 사람들에게는 진정으로 "날들의 시작"이 되었습니다. 하나님의 말씀은 그 마을 전체로 급속하게 퍼져나갔고, 그들 가운데서 영화롭게 되었습니다.

사랑하는 독자여, 이 작은 이야기가 당신에게 어떤 영향을 미쳤는지는 내가 알 수 없지만, 내게는 나의 존재 가장 깊은 곳까지 뒤흔들어 놓은 이야기입니다. 우리 중 대다수는 하나님의 능력에 대해서도 거의 알지 못하고 하나님의 거역할 수 없는 엄청난 사랑에 대해서도 거의 알지 못하는 것으로 보입니다. 하나님의 사랑은 어떤 사랑입니까! 우리가 기도할 때마다, 저 놀랍고 경이로운 사랑은 우리를 특별한 방식으로 감쌉니다.

우리가 찬송받으시기에 합당하신 우리 구주를 진정으로 사랑한다면, 더 자주 기도 안에서 주님과 교제하고자 하는 것이 마땅하지 않겠습니까? 동료 그리스도인이여, 우리가 비판을 많이 하는 것은 기도를 별로 하지 않기 때문이 아닙니까? 우리가 세상에 보내심을 받은 것은 우리의 사랑하는 구주와 마찬가지로 세상을 정죄하고 판단하기 위해서가 아니라 "그로 말미암아 세상이 구원을 받게 하려"는 것임을 기억하십시오(요 3:17).

경솔하고 지각 없는 비판의 말이 사람들을 그리스도께로 나아오게 하는

데 어떤 도움이 되겠습니까? 사람들의 결점을 발견해서 헐뜯는 말이 주님을 닮아가는 데 무슨 도움이 되겠습니까? 우리는 다른 사람들이나 그들이 하는 일들을 비판하거나 꾸짖거나 헐뜯거나 폄하하고자 하는 마음을 내려놓아야 합니다. 사도 바울은 우리 모두에게 "너희 중에 이와 같은 자들이 있더니 주 예수 그리스도의 이름과 우리 하나님의 성령 안에서 씻음과 거룩함과 의롭다 하심을 받았느니라"(고전 6:11)고 말하지 않습니까?

당신은 우리가 무엇을 목표로 하고 있는지를 아십니까? 우리가 다른 사람들에게서 발견해 내는 온갖 악한 성품들과 결점들은 마귀 때문에 생겨난 것들입니다. 악한 자 마귀가 사람들의 마음속에서 우리가 정죄하고 부풀려서 비판하는 언행들을 야기시킵니다. 귀신에 들리는 것은 영국에서도 일어나기는 하지만, 아마도 다른 형태를 띠는 것으로 보입니다. 우리의 친구들과 지인들은 아주 친절하고 사랑스러운 사람들이지만 오랜 세월 "사탄에게 매인 바" 되어서 그들을 끊임없이 괴롭히는 죄에 묶여 있는 경우가 많습니다(눅 13:16).

우리가 그들에게 호소해도 소용없고 경고해도 소용이 없습니다. 우리는 우리 자신의 결점들과 약점들 외에도 예의상, 그리고 그들을 동정하는 마음 때문에, 마나시라는 소년처럼 그들과 맞서서 그들 속에서 역사하는 악한 영을 쫓아내지 못합니다! 그러나 우리는 그들을 위해 언제나 "성내지 아니하는" 사랑으로 밑받침된 기도를 해 본 적이 있습니까(고전 13:5)?

어떤 사람에게 정결한 마음과 거룩한 삶과 무조건적인 단순한 믿음이 있는 경우에는, 하나님은 그가 나이가 많든 적든 그의 기도에 응답하십니다. 하나님은 기도에 응답하시는 분입니다. 우리는 기껏해야 단지 연약하고 흠

많은 종들일 뿐입니다. 우리가 아무리 진실하다고 할지라도, 종종 잘못 구합니다. "약속하신 이는 미쁘시기" 때문에(히 10:23), 하나님은 어김없이 우리를 모든 해악에서 지켜 주시고 우리에게 필요한 모든 것을 공급해 주십니다.

내가 기도하는 것들을 가질 수 있을까요?
하나님이 가장 잘 아십니다.
하나님은 그의 자녀들보다 더 지혜로우시기 때문에,
나는 안심하고 믿을 수 있습니다.

"사랑하는 자들아 만일 우리 마음이 우리를 책망할 것이 없으면 하나님 앞에서 담대함을 얻고 무엇이든지 구하는 바를 그에게서 받나니 이는 우리가 그의 계명을 지키고 그 앞에서 기뻐하시는 것을 행함이라"(요일 3:21-22).

제10장

어떻게 하나님은 기도에 응답하시는가?

사람이 하나님과 하나님이 우리를 어떻게 다루시는지를 온전히 아는 것은 전적으로 불가능합니다. "깊도다 하나님의 지혜와 지식의 풍성함이여, 그의 판단은 헤아리지 못할 것이며 그의 길은 찾지 못할 것이로다"(롬 11:33). 하지만 우리는 문제가 없는데 굳이 문제를 만들 필요는 없습니다. 하나님께 모든 능력과 모든 지식이 있다면, 기도와 관련해서 종종 뭐가 뭔지 잘 모르는 것들이 있다고 할지라도, 기도를 하는 데는 분명히 아무런 문제가 없습니다. 우리는 하나님의 방법을 알아낼 수는 없지만, 하나님이 어떤 식으로 우리의 기도에 응답하시는지에 대해서는 어느 정도 압니다.

그러나 처음부터 우리가 알아 둘 것이 있는데, 그것은 우리가 통상적인 일들에 대해 거의 알지 못한다는 것입니다. 상당히 깊은 지식을 가진 에디슨(Edison)도 1921년 8월에 이렇게 썼습니다: "우리는 어떤 것에 대해 백만 분의 일 퍼센트의 지식도 알지 못한다. 우리는 물이 무엇인지를 알지 못한다. 빛이 무엇인지도 알지 못하고, 중력이 무엇인지도 알지 못한다. 우리는 무엇이 우리로 하여금 두 발로 서 있을 수 있게 하는지를 알지 못한다. 우리는 전기가 무엇인지도 알지 못하고, 열이 무엇인지도 알지 못한다. 우리는 자성에 대해 아무것도 알지 못한다. 많은 가설들이 있지만, 그것이 전부이다."

그러나 우리가 이 모든 것들에 대해 알지 못한다고 해서, 그 모든 것들을 사용할 수 없는 것은 아닙니다! 우리는 기도에 대해서 많은 것을 알지 못하지만, 그것이 우리가 기도하는 것을 방해하지 못한다는 것은 분명합니다! 우리는 주님이 우리에게 기도에 대해 가르쳐 주신 것을 압니다. 그리고 우리는 주님이 성령을 보내셔서 우리에게 모든 것을 가르쳐 주시게 했다는 것도 압니다(요 14:26). 그렇다면, 하나님은 우리의 기도에 어떻게 응답하십니까? 하나님이 기도에 응답하시는 방식들 중의 한 가지는 이런 것입니다:

하나님은 기도하는 사람들에게 자신의 마음과 생각을 계시해 주십니다. 그의 성령이 기도하는 사람들의 마음에 새로운 생각들을 넣어 줍니다. 우리는 마귀와 그의 졸개들이 악한 생각들을 우리의 마음속에 집어넣어 주기 위하여 아주 바쁘게 움직이고 있다는 것을 아주 잘 알고 있습니다. 따라서 하나님과 그의 거룩한 천사들이 우리에게 선한 생각들을 주실 수 있다는 것은 분명합니다. 보잘것없고 연약하며 죄악된 사람들도 다른 사람들의 마음에 선한 생각을 넣어 줄 수 있습니다. 그것이 우리가 글을 쓰는 이유이기도 합니다! 이 흰 종이 위에 특이한 형태를 지닌 몇 가지 표시들을 해서 사람들을 고무시킬 수도 있고 낙심하거나 의기소침하게 할 수도 있으며 심지어 죄를 깨닫게 할 수도 있다는 것이 내게는 언제나 너무나 신기하고 경이롭다는 생각이 듭니다! 그러나 배우지 못한 야만인에게 그것은 깜짝 놀랄 만한 이적입니다. 또한, 당신과 나는 흔히 얼굴 표정이나 눈동자 속에서 사람들의 생각이나 감정을 읽어낼 수 있습니다. 사람과 사람 간에 생각을 교류하는 것은 오늘날 흔한 일이 되었습니다. 하나님은 아주 다양하고 많은 방식을 사용하셔서 자신의 생각을 우리에게 전달하실 수 있습니다. 그것을 보여 주는 주목할 만한 하나의 예를 지난해에 노스필드(Northfield)에서 한 강사가 얘기한 적이 있습니다. 그는 삼사 년 전에 고래잡이를 하는 한 나이 든 선장을 만났는데, 그 선장이 그에게 다음과 같은 이야기를 들려주었다고 합니다:

꽤 오래 전에 나는 고래를 잡기 위해 케이프 혼(Cape Horn)을 떠나 망망대해를 항해하고 있었습니다. 어느 날 우리 배는 강풍을 거슬러서 남쪽으로 지그재그로 가고 있었습니다. 우리는 그런 식으로 앞으로 나아가려고 오전 내내 애를 썼지만 거의 앞으로 전진할 수 없었습니다. 11시경에 조타실에 서 있던 내게 갑자기 이런 생각이 떠올랐습니다. "굳이 이 거센 파도를 거슬러서 나아가려고 배를 이렇게 고생시킬 필요가 있겠는가? 고래가 꼭 남쪽에만 많이 있으라는 법이 어디 있나. 북쪽에도 고래가 많이 있지 않을까. 거센 바람을 거슬러 가기보다는 순풍을 타고 가는 것이 낫지 않겠는가?" 나는 내 마음속에 갑작스럽게 든 생각을 따라 배의 항로를 바꾸어서 남쪽이 아니라 북쪽을 향해 항해해 나가기 시작했습니다. 그로부터 한 시간이 지나서 정오가 되었을 때, 돛대 꼭대기에서 망을 보고 있던 선원이 "앞에 구명선들이 떠 있습니다"라고 소리쳤습니다. 우리는 즉시 네 척의 구명선들을 건져 올렸고, 거기에는 열네 명의 선원들이 타고 있었습니다. 그들은 자신들의 배가 십일 전에 불이 났고, 그 배에 있던 선원들 중에서 오직 그들만이 생존해서, 그 때 이후로 구명선들을 타고 표류하면서 구조의 손길을 보내 달라고 하나님께 간절히 기도했다고 말했습니다. 그리고 우리는 적시에 도착해서 그들을 구조할 수 있었습니다. 하루라도 늦었더라면, 그들을 생존할 수 없었을 것입니다.

그런 후에 그 나이 든 고래잡이 배 선장은 이런 말을 덧붙였습니다: "당신이 종교를 믿는지 안 믿는지는 내가 알지 못하지만, 나는 그렇게 해서 그리스도인이 되었고, 그 날부터 매일 일생 동안 하나님이 나를 사용하셔서 다른 사람들을 도울 수 있게 해 달라고 기도해 왔습니다. 나는 하나님이 그 날 내 마음속에 내 배의 항로를 북쪽으로 바꾸어야 한다는 생각을 넣어 주셨다고 확신합니다. 그 생각이 열네 명의 목숨을 구한 수단이 되었습니다."

하나님은 우리에게 하실 말씀도 많고, 우리의 마음속에 집어넣어 주고자 하시는 생각들도 많습니다. 우리는 하나님의 일을 하는 데 너무 바쁘고, 멈춰 서서 하나님의 말씀에 귀를 기울이려고 하지 않습니다. 기도는 하나님께 우리에게 말씀하시고 자신의 뜻을 계시하실 기회를 줍니다. 우리의 태도는 "주여, 말씀하옵소서 주의 종이 듣겠나이다"(삼상 3:10)가 되어야 합니다.

우리가 어떤 사람들을 위해 기도할 때, 하나님은 그 사람의 마음에 새로운 생각을 집어넣어 주심으로써 우리의 기도에 응답하십니다. 승리하는 삶을 다루는 일련의 예배에서 필자는 어느 날 오후에 회중에게 그들이 진정으로 거룩한 삶을 살기 원한다면 싸움을 "화해하라"고 강력하게 촉구했습니다. 한 부인이 그 날 집으로 가서, 아주 간절하게 기도한 후에, 어떤 일 때문에 사이가 틀어져서 20년 동안이나 왕래가 전혀 없었던 자신의 자매에게 편지를 썼습니다! 두 자매는 서로 30마일 정도 떨어진 곳에서 살고 있었습니다. 편지를 썼던 부인은 그 다음날 아침에 자신의 자매로부터 용서를 빌며 화해를 청하는 편지를 받았습니다. 두 자매가 동시에 서로에게 편지를 쓴 것이었습니다. 한 자매가 다른 자매를 위해 하나님께 기도하고 있던 동안에, 하나님은 그 다른 자매에게 말씀하시고 그녀 속에 화해를 원하는 마음을 집어넣어 주셨던 것입니다.

당신은 "왜 하나님은 그런 마음을 진작에 집어넣어 주지 않으셨습니까?"라고 말할지도 모르겠습니다. 그것은 아마도 하나님이 어느 한 쪽 자매가 용서를 구하는 편지를 써도, 다른 쪽 자매가 그 용서를 받아들일 준비가 되어 있지 않아서 아무 소용 없게 될 것임을 아셨기 때문일 것입니다. 우리가 다른 사람들을 위해 기도하면, 하나님이 우리가 기도하는 사람들에게 역사하실 수 있는 길이 열린다는 것은 여전히 사실입니다. 하나님에게는 우리의 기도가 필요합니다. 만일 그렇지 않다면, 하나님이 우리에게 기도하라고 간곡히 청하지 않으실 것입니다.

얼마 전에 매주마다 하는 기도 모임이 끝날 때쯤 해서, 한 경건한 부인이 거기에 기도하러 모인 사람들에게 예배당에는 근처에도 가지 않으려고 하는 자기 남편을 위해 기도해 달라고 간곡하게 부탁했습니다. 그러자 이 기도 모임의 인도자는 우리가 바로 지금 여기에서 계속 이어서 그분을 위해 기도하자고 제안하였고, 우리는 아주 간절하게 기도를 드렸습니다. 그런데 그 남편은 아내에게 헌신적인 분이어서 자주 그녀를 데리러 오곤 했습니다. 그 밤에도 그는 아내를 데리러 선교관에 왔고, 그 때는 기도 모임이 여전히 진행 중이었습니다. 하나님은 그 사람의 마음속에 그 문을 열고 들어가서 안에서 기다려야 하겠다는 생각을 집어넣으셨는데, 그런 일은 전에는 한 번도 없었습니다. 그가 문 옆의 의자에 앉아서 자신의 머리를 손으로 기대고 있는데, 간절하게 간구하는 소리가 들려 왔습니다. 집으로 가는 길에 그 사람은 "여보, 그들이 오늘 밤 누구를 위해서 기도했소?"라고 물었고, 그녀는 "우리 일하는 여자들 중 한 사람의 남편이요"라고 대답했습니다. 그러자 그녀의 남편은 이렇게 말했습니다. "나는 그 남편 분이 구원받을 것이라고 확신하오. 하나님이 그런 기도를 응답해 주시지 않을 리가 없소." 그 저녁에 조금 시간이 지나서, 그는 다시 한 번 자기 부인에게 "그들이 기도한 사람이 누구였소"라고 물었고, 그녀는 앞서 했던 것과 비슷한 대답을 했습니다. 그는 잠자리에 들었지만, 자신의 죄가 깊이 자각되어서 도저히 잠을 잘 수가 없었습니다. 그래서 그는 자기 부인을 깨워서 그녀에게 자기를 위해 기도해 달라고 부탁했습니다.

이것은 우리가 기도할 때, 하나님이 역사하실 수 있으시다는 것을 너무나 분명하게 보여 줍니다! 하나님은 이전에 그 사람이 자기 부인을 데리러 올 때마다, 그 사람의 마음속에 그 기도 모임이 열리고 있는 곳에 문을 열고 들어가야겠다는 생각을 집어넣어 주실 수 있으셨습니다. 그러나 하나님이 그렇게 하셨더라도, 과연 그것이 어떤 효과가 있었을지는 의문입니다. 하지만 그를 위해 간절하고 진심 어린 간구가 드려지고 있던 그 날에, 하나님은 드디어 그 가련한 사람에게 강력하게 역사하실 기회가 왔다는 것을 아셨습니다.

하나님이 우리의 사역을 도우시고 우리의 결심을 견고하게 하실 수 있으신 것은 우리가 기도할 때입니다. 왜냐하면, 우리 자신이 드리는 기도 중에는 우리가 응답할 수 있는 기도가 많이 있기 때문입니다. 어느 혹독하게 추운 겨울날에 부유하게 잘 사는 한 농장주가 하나님께 이웃이 굶주리지 않게 해 달라고 기도하고 있었습니다. 가족 기도가 끝나고 나자, 그의 작은 아이가 "아빠, 나는 우리가 이 문제로 하나님을 괴롭히지 않아야 한다고 생각해요"라고 말했습니다. 그가 "왜 그렇게 생각하니?"라고 묻자, 그 아이는 "아빠가 그 사람들이 굶주리지 않게 돌보는 것은 아주 쉬운 일이니까요"라고 대답했습니다. 우리가 다른 사람들을 위해 기도하고 있다면, 그들을 도우려고 해야 한다는 것은 너무나 당연하고 추호의 의심도 있을 수 없습니다.

한 어린 신자가 목사님에게 자기도 그리스도인으로서 어떤 일을 할 수 있게 해 달라고 부탁했습니다.

"네게 단짝 친구가 있니?"

그 소년은 "예"라고 대답했습니다.

"그 친구도 그리스도인이니?"

"아니요, 그 애는 신앙에 관심이 없어요."

"그렇다면, 그에게 가서 그리스도를 그의 구주로 영접하라고 권해 보렴."

그 소년은 "그 일은 할 수 없으니, 그것 말고 다른 일을 할 수 있게 해 주세요"라고 말했습니다.

그러자 목사는 이렇게 말했습니다: "내게 두 가지를 약속해 다오. 하나는 그의 영혼에 대해 그에게 아무 말도 하지 말라는 것이고, 다른 하나는 그의 회심을 위해 하루에 두 번 하나님께 기도하라는 것이다."

그 소년은 "아, 그런 일이라면 기꺼이 할 게요"라고 대답했습니다. 보름도 채 되지 않아서, 그 소년은 목사관으로 달려와서는 소리쳤습니다: "제가 한 약속을 취소할 수 있게 해 주실 수 있으신가요? 나는 내 단짝 친구에게 말해야겠어요!" 그가 기도하기 시작하자, 하나님은 그에게 복음을 전할 수 있는 힘을 주실 수 있으셨습니다.

우리가 사람들과 진정으로 교제하기 위해서는, 그 전에 먼저 하나님과의 교제가 필수적입니다. 사람들이 다른 사람들에게 그들의 영적인 상태에 대해서 말을 잘 하지 못하는 이유는 그들을 위해 거의 기도를 하지 않기 때문이라고 나는 믿습니다.

필자는 기도에 대한 나의 믿음을 아주 견고하게 해 준 일을 지금까지 한 번도 잊어 본 적이 없습니다. 열세 살의 소년이었을 때, 어느 날 나는 하나님께 내가 해외선교를 새로 후원하는 스무 명의 사람들을 확보할 수 있게 해 주시라고 간절하게 기도했습니다. 그리고 그 날 밤이 다 가기 전에, 정확히 스무 명의 사람들이 새롭게 확보되었습니다. 하나님이 나의 기도에 응답해 주신다는 의식은 나로 하여금 다른 사람들에게 다가가서 전도하는 일에 열심을 내게 하는 자극제가 되었고, 내게 보기 드문 담대함을 주었습니다.

영국의 한 목사님이 자기 신자들에게 매일 자기가 가장 나쁜 사람이라고 생각하는 사람들을 위해 기도한 후에 그들에게 가서 예수를 전할 것을 제안했는데, 단지 여섯 명의 신자만이 그렇게 하기로 동의했습니다. 그래서 그 목사님은 집에 도착하자마자 기도하기 시작하고 나서 이렇게 말했습니다. "나는 이 일을 신자들에게 하라고 미루어서는 안 되겠고, 내가 직접 해야 한다. 나는 나쁜 사람들을 알지 못하니 나가서 찾아보아야겠다." 그는 길모퉁이에서 어느 험상궂게 생긴 사람에게 다가가서, "당신이 이 지역에서 가장 나쁜 사람입니까?"라고 물었습니다.

"아니요, 나는 아닙니다."

"그럼, 누가 이 지역에서 가장 나쁜 사람인지를 내게 말씀해 주실 수 있으십니까?"

"아, 그럼요. 그 사람은 이 도로를 따라 쭉 내려가다 보면 7번지가 있는데 그 집으로 들어가 보시오."

그는 7번지를 찾아가서 문을 두드리고 들어갔습니다. "나는 이 지역에서 가장 나쁜 사람을 찾고 있습니다. 사람들이 당신이 그 사람이라고 말하는데, 맞습니까?"

"대체 누가 당신에게 그런 말을 한거요? 그 사람을 여기로 데려 오시오. 내가 그 사람에게 누가 가장 나쁜 사람인지를 보여 주겠소! 나보다 더 나쁜 사람들이 널렸어요."

"그러면, 당신이 알고 있는 가장 나쁜 사람은 누굽니까?"

"모든 사람이 그를 알고 있소. 그는 저 골목의 맨끝에 있는 집에 살고 있소. 그 사람이 가장 나쁜 사람이오."

그래서 그는 그 골목 끝으로 가서 문을 두드렸습니다. 안에 있던 사람이 "들어오시오!"라고 퉁명스럽게 소리를 질렀습니다.

집 안에는 어떤 남자와 그의 아내가 있었습니다. "실례합니다. 나는 인근에 있는 교회의 목사인데, 이 지역에서 가장 나쁜 사람을 찾고 있습니다.

그에게 말해 줄 것이 있어서요. 당신이 그 가장 나쁜 사람입니까?"

그 남자는 자기 아내를 돌아보며, "여보, 내가 오 분 전에 당신에게 무슨 말을 했는지를 이분에게 말 좀 해 주시오"라고 말했습니다.

"당신이 직접 말씀하세요."

목사님은 "무엇이라고 말씀하셨는데요?"라고 물었습니다.

"나는 12주 동안 계속해서 술을 마셔 왔죠. 술을 끊으면 금단 현상인 섬망증 증상도 보이곤 했어요. 집에서 저당 잡힐 수 있는 것은 모두 다 전당포에 가져갔습니다. 그런 내가 몇 분 전에 내 아내에게 말했습니다. 이 일을 그만두어야겠다고 말이죠. 내가 이 일을 그만두지 못하면, 나가서 물에 빠져 죽겠다고 했어요. 그런데 그 때 당신이 문을 두드렸죠. 목사님, 나는 정말 이 지역에서 가장 나쁜 사람입니다. 당신이 내게 해 주실 말씀이 무엇이죠?"

"나는 예수 그리스도가 가장 위대한 구주이시고, 그분은 가장 나쁜 사람을 가장 선한 사람으로 만드실 수 있다는 것을 당신에게 말해 주기 위해 여기에 왔습니다. 그분은 나를 위해 그렇게 하셨으니, 당신을 위해서도 그렇게 하실 것입니다."

"당신은 그분이 나 같은 사람을 위해서도 그렇게 해 주실 것이라고 생각하십니까?"

"나는 확신합니다. 무릎을 꿇고 그분에게 구하십시오."

그 가련한 알콜중독자였던 사람은 자신의 죄로부터 구원을 받았을 뿐만 아니라, 지금은 다른 알콜중독자들을 주 예수 그리스도께로 인도하는 아주 유명한 그리스도인이 되었습니다.

분명히 우리 중에는 하나님이 기도에 응답하셔서 육신의 병을 고치시고 비나 청명한 날씨를 주시거나 안개를 몰아내시거나 재앙들이 임하지 않게 하실 수 있으시다는 것을 믿는 것이 어렵다고 생각하는 사람은 아무도 없을 것입니다.

우리는 그 지식이 무한하신 하나님을 상대하고 있습니다. 하나님은 그 지식을 의사의 마음속에 집어넣으셔서 어떤 약이나 식단이나 치료방법을 처방하게 하실 수 있으십니다. 의사가 가진 모든 의술은 하나님으로부터 온 것입니다. 하나님은 우리를 지으신 분이시기 때문에, "우리의 체질을 아십니다"(시 103:14). 하나님은 가장 똑똑한 의사나 외과의사보다 훨씬 더 잘 우리의 체질을 아십니다. 하나님은 우리를 지으신 분이시기 때문에 우리를 고치시고 회복시키실 수도 있습니다. 우리는 하나님이 우리에게 의술을 사용하기를 원하신다는 것을 믿지만, 하나님은 그의 놀랍고 기이한 지식을 통해 인간의 협력 없이도 우리를 고치실 수 있으시고 종종 그렇게 고치신다는 것도 믿습니다. 그리고 우리는 하나님이 자신만의 방식으로 역사하실 수 있게 해 드려야 합니다.

우리는 우리가 인정하는 방식에만 하나님을 묶어 두고자 하는 경향이 있습니다. 하나님의 목적은 우리의 기도에 응답하심으로써 자신의 이름을 영화롭게 하시는 것입니다. 때때로 하나님은 우리의 소원은 옳지만, 우리의 간구가 잘못되었다는 것을 아십니다. 사도 바울은 자신의 육체에 있는 "가시"가 제거된다면 자기가 하나님께 더 많은 영광을 돌릴 수 있게 될 것이라고 생각했습니다. 그러나 하나님은 그에게 그 "가시"가 없을 때보다 있을 때에 그가 더 나은 사람이 될 수 있고 더 일을 잘할 수 있다는 것을 아셨습니다. 그래서 하나님은 그의 기도에 세 번이나 "안 된다"고 대답하셨고, 그런 후에 그 이유를 설명해 주셨습니다!

모니카의 경우도 마찬가지였습니다. 그녀는 방탕한 삶을 살고 있던 자신의 아들인 아우구스티누스의 회심을 위해 오랜 세월 기도했습니다. 그가 집을 떠나서 바다를 건너 로마로 가기로 결심했을 때, 그녀는 하나님이 그를 그녀 곁에 붙잡아 두어서 그녀의 영향 아래 있게 해 달라고 간절하게 온 힘을 다해 기도했습니다. 그녀는 바닷가의 작은 예배당으로 가서 밤새도록 기도했는데, 그 옆에는 아우구스티누스가 타고 갈 배가 정박해 있었습니다. 그러나 아침이 되어서, 그녀는 자기가 기도하는 동안에 그 배가 출항했다는 것을 알았습니다! 하나님은 그녀의 간구를 들어주지 않으셨지만, 그녀의 진정한 소원은 들어주셨습니다. 왜냐하면, 아우구스티누스는 로마에서 나중에 성인의 반열에 오르게 된 암브로시우스를 만났고, 그가 아우구스티누스를 그리스도께로 인도했기 때문입니다. 하나님이 우리보다 우리를 위해 무엇이 가장 좋은지를 아신다는 것은 우리에게 얼마나 큰 위로와 힘이 되는 일입니까!

우리는 하나님이 우리의 기도에 의존해서 어떤 일들을 하신다는 것을 비합리적인 것이라고 생각해서는 결코 안 됩니다. 어떤 사람들은 하나님이 우리를 진정으로 사랑하신다면, 우리가 기도하든 안 하든 우리를 위해 가장 좋은 것을 우리에게 주셔야 한다고 말합니다. 포스딕(Fosdick) 목사는 하나님이 사람에게 많은 일들을 스스로 하도록 남겨 주셨다는 명언을 했습니다. 하나님은 파종하면 그 열매를 수확하게 하시겠다고 약속하십니다. 하지만 하나님이 자신이 약속하신 대로 그렇게 하시게 하기 위해서는, 사람이 밭을 준비해서 개간하여 씨를 뿌리고 수확해야 합니다. 하나님은 우리에게 먹을 것과 마실 것을 공급해 주시지만, 그런 것들을 가져다가 먹고 마시는 것은 우리의 몫입니다. 우리의 도움이 없이는 하나님이 하실 수 없으시거나 적어도 하고자 하지 않으시는 것들이 있습니다. 어떤 것들은 우리가 생각하지 않으면, 하나님이 하실 수 없습니다. 하나님은 누구나 볼 수 있게 자신의 진리를 하늘에 써 놓지 않습니다. 자연의 법칙들은 언제나 존재해 왔습니다. 그러나 우리 자신의 유익과 하나님의 영광을 위하여 그 법칙들을 사용하기 위해서는, 우리는 생각해야 하고 실험해야 하며 또다시 숙고해야 합니다.

어떤 것들은 우리가 일하지 않으면, 하나님이 하실 수 없습니다. 하나님은 작은 산들에 대리석을 준비해 두시지만, 자신이 그 대리석을 캐서 우리를 위해 교회를 지어 주시지는 않습니다. 하나님은 큰 산들에 철광석을 가득 준비해 두시지만, 우리를 위해 스스로 바늘이나 열차를 만들어주시지는 않습니다. 그런 일들은 하나님이 우리에게 맡기신 일들이기 때문에, 우리는 일해야 합니다.

이렇게 하나님이 많은 것들을 사람이 생각하고 일하는 것에 맡겨 두셨다면, 어떤 것들은 사람이 기도하는 것에 맡겨 두셨다고 해도, 그것은 전혀 이상한 일이 아니지 않겠습니까? 하나님은 실제로 그렇게 하셨습니다. "구하라 그리하면 너희에게 주실 것이요"(마 7:7). 어떤 것들은 우리가 구하지 않으면, 하나님은 주시지 않습니다. 기도는 사람이 하나님과 합력할 수 있는 세 가지 방법들 중 하나이고, 그 중에서 가장 중요한 방법입니다.

능력의 사람들은 예외 없이 기도의 사람들입니다. 하나님은 오직 기도의 사람들에게만 자신의 성령을 충만히 부어 주십니다. 그리고 기도 응답은 성령의 역사를 통해서 옵니다. 모든 믿는 자 안에는 그리스도의 영이 내재해 계십니다. "누구든지 그리스도의 영이 없으면 그리스도의 사람이 아니기" 때문입니다(롬 8:9). 그러나 응답받는 기도를 하는 사람이 되려면 하나님의 성령으로 충만한 사람이 되어야 합니다.

한 여자 선교사가 최근에 "기도하는 하이드"에 대해, 하이드는 자신이 먼저 하나님 앞에서 올바르게 될 때까지는 결코 회심하지 않은 사람에게 가서 말씀을 전하지 않았다는 말을 했습니다. 그는 처음에 어떤 사람에게 하나님의 말씀을 전했다가 실패한 경우에는 자기 방으로 돌아가서, 자신 속에 있는 어떤 것이 자기가 하나님의 쓰임을 받는 것을 방해하고 가로막은 것인지를 보여 주실 때까지 기도로 씨름했습니다. 그렇습니다. 우리가 하나님의 성령으로 충만할 때에는, 사람들은 우리의 영향을 받아서 하나님께로 나아가지 않을 수 없게 됩니다. 그러나 우리가 사람들에게 능력이 있으려면, 먼저 하나님으로부터 능력을 받아야 합니다.

하지만 당신과 나에게 중요한 문제는 "하나님이 어떻게 기도에 응답하시는가"라는 질문이 아니라, "나는 진정으로 기도하는가"라는 질문입니다. 하나님은 우리에게 얼마나 놀라운 능력을 맡기셨습니까! 그런데도 우리가 하나님이 기뻐하지 않으시는 것을 붙들고 있어야 하겠다는 생각을 단 한순간이라도 품는 것이 합당한 일이겠습니까? 동료 그리스도인이여, 그리스도를 전적으로 믿고 신뢰하십시오. 그러면 당신은 그리스도께서 전적으로 참되시다는 것을 발견하게 될 것입니다.

하나님이 자신의 마음과 생각을 우리 속에 집어넣어 주실 기회를 하나님께 드리십시오. 그러면 우리는 다시는 기도의 능력을 결코 의심하지 않게 될 것입니다.

제11장

기도를 방해하는 것들

어떤 시인은 다음과 같이 말했고, 우리도 흔히 그렇게 노래합니다:

　　은혜의 자리로 나아가고자 할 때,
　　우리는 얼마나 다양한 장애물들을 만나게 되는지요.

그렇습니다. 그러한 장애물들은 아주 다양합니다. 그러나 여기에서도 또다시 그 장애물들 중 대부분은 우리 자신이 만들어 내는 것들입니다.

하나님은 내가 기도하기를 원하시지만, 마귀는 내가 기도하는 것을 원하지 않기 때문에, 모든 수단과 방법을 총동원해서 내가 기도하는 것을 방해합니다. 마귀는 우리가 직접 사역하는 것보다 기도를 통해서 더 많은 일들을 이루어낼 수 있다는 것을 압니다. 그래서 우리가 기도 외의 다른 일들을 하게 만들려고 애씁니다.

사탄이 우리의 기도를 가로막는다는 것에 대해서는 우리가 이미 앞에서 언급한 바 있습니다:

　　당신보다 월등히 힘이 센 악한 천사들이

당신이 진군하는 것을 가로막는다네.

그들은 당신의 불구대천의 영원한 원수들인데,

그 수가 무수히 많고 눈에 보이지 않아

은밀히 움직이는 자들이라네.

그러나 우리의 눈이 늘 주님을 바라보고 있다면, 우리는 그들을 두려워할 필요도 없고 신경 쓸 필요도 없습니다. 거룩한 천사들은 타락한 천사들보다 더 강하기 때문에, 우리는 천군천사들의 보호를 받을 때 안심할 수 있습니다. 악한 영들은 우리의 마음에 잡념을 집어넣어 우리의 기도를 망쳐 놓는 일이 비일비재합니다. 우리가 무릎을 꿇자마자, 우리의 마음속에는 우리가 벌써 끝냈어야 하거나 지금 당장 해야 할 일들이 "떠오르기" 시작합니다.

그러한 생각들은 외부로부터 오고, 분명히 악한 영들의 부추김에 기인해서 생겨난 것들입니다. 잡념을 떨쳐낼 수 있는 유일한 방법은 우리의 마음과 생각을 하나님께 모으고 집중하는 것입니다. 우리에게 최대의 적이 우리 자신이라는 것은 의심의 여지가 없습니다. 기도는 하나님의 자녀를 위해 있는 것이기 때문에, 하나님의 자녀로 살아가고 있는 사람은 기도해야 합니다.

우리에게 진짜 중요한 질문은 이런 것입니다: "나는 내 마음속에 원수들을 품고 있는가? 배신자들이 내 안에 있는가?" 우리가 하나님을 신뢰하고 순종하며 섬길 자세가 되어 있지 않으면, 하나님은 우리에게 자신의 최고의 영적인 복들을 주실 수 없습니다. 우리 자신이 최고의 영적인 선물들을 받는 데 필요한 조건들을 갖출 생각은 하지 않고, 오로지 그런 선물들을 주시라고 하나님께 간절히 구하기만 하는 일이 얼마나 비일비재합니까? 우리 자신이 어떤 복들을 받을 준비가 되어 있지 않는데도, 그 복들을 막무가내로 구하는 일이 얼마나 비일비재합니까? 과연 우리는 하나님 앞에서 우리 자신에 대하여 정직합니까? 우리는 "하나님이여 나를 살피사 내 마음을 아시며 나를 시험하사 내 뜻을 아옵소서"(시 139:23)라고 진심으로 말할 수 있습니까? 내 안에 하나님이 내게 복 주시거나 나를 통해 다른 사람들에게 복 주시는 것을 가로막는 어떤 것이 있는 것은 아닙니까?

우리는 "기도의 문제점"에 대해 말하는데, 우리가 기도와 관련해서 문제점으로 논의하거나 해부해야 할 것은 바로 우리 자신입니다! 우리 자신에게 문제가 없다면, 우리의 기도에는 아무런 문제가 없을 것입니다! 절대적으로 그리스도만을 바라보는 심령이 드리는 기도에는 아무 문제가 없습니다.

우리는 왜 기도 응답을 받지 못하는지를 보여 주는 데 통상적으로 사용하는 성경 본문들을 인용하지 않고, 우리는 단지 각 사람이 자신의 마음을 살펴보기를 원할 뿐입니다. 우리가 어떤 죄를 기꺼이 버리고자 하지 않는다면, 그 죄가 아무리 작고 미미한 죄처럼 보일지라도, 그 죄로 인해 우리의 기도는 막히고, 우리가 기도를 드리는 것 자체가 죄악된 행위가 되어 버릴 수도 있습니다. 서아프리카에 사는 이슬람교도들에게는 이런 속담이 있습니다: "순전함이 없다면, 기도도 있을 수 없고, 기도가 없다면, 천국의 물을 마시는 것도 있을 수 없다." 성경에서는 이러한 진리를 아주 분명하게 가르치고 있기 때문에, 죄와 기도를 병행하고자 하는 것은 어불성설입니다. 하지만 실제로는 아주 많은 사람들이 그렇게 하고 있습니다. 다윗조차도 아주 오래 전에 "내가 나의 마음에 죄악을 품었더라면 주께서 듣지 아니하시리라"(시 66:18)고 말했습니다.

그리고 이사야 선지자는 "오직 너희 죄악이 너희와 너희 하나님 사이를 갈라 놓았고 너희 죄가 그의 얼굴을 가리어서 너희에게서 듣지 않으시게 함이니라"(사 59:2)고 말합니다. 우리 모두는 그리스도께서 우리의 기도를 들으시려고 하지 않아서가 아니라 우리 안에 있는 죄로 인해서 우리의 기도가 막히고 방해를 받는 것임을 인정해야 합니다. 늘 그렇듯이, 기도 생활을 가로막고 망치는 것은 이른바 사소한 것처럼 보이는 작은 죄들인데, 다음과 같은 것들이 그런 것들입니다:

(1) **의심**. 기도를 방해하는 것들 중에서 가장 중요한 것은 아마도 불신앙일 것입니다. 주님은 장차 성령이 오셔서 죄에 대하여 세상을 책망할 것이라고 하시면서, "죄에 대하여라 함은 그들이 나를 믿지 아니함이요"(요 16:9)라고 말씀하셨습니다. 우리는 "세상에 속한" 자들이 아니지만, 우리 안에는 실제로 적지 않은 불신앙이 있지 않습니까? 야고보는 믿는 자들에게 편지를 써서, "오직 믿음으로 구하고 조금도 의심하지 말라 의심하는 자는 …… 무엇이든지 주께 얻기를 생각하지 말라"(약 1:6-7)고 말했습니다. 어떤 사람들은 구하지 않기 때문에 얻지 못하지만(약 4:2), 어떤 사람들은 믿지 않기 때문에 "얻지 못합니다." 당신은 우리가 무엇을 "구하기" 전에 먼저 하나님께 경배와 감사를 드리는 데 많은 시간을 드리는 것을 조금 이상하게 생각하지 않았습니까? 그러나 우리가 그렇게 해서 주님의 저 영광스러운 위엄 및 주님의 저 놀라운 사랑과 은혜를 본다면, 떠오르는 해 앞의 아침 안

개처럼 우리의 불신앙과 의심이 사라지지 않겠습니까? 그것이 아브라함이 "믿음이 없어 하나님의 약속을 의심하지 않고 믿음으로 견고하여져서 하나님께 영광을 돌리며 약속하신 그것을 또한 능히 이루실 줄을 확신한"(롬 4:20-21) 이유가 아니었습니까? 우리가 하나님의 이루 말할 수 없이 크신 사랑을 아는데도, 여전히 우리에게 의심이 남아 있다면, 그것은 이상한 일이 아니겠습니까?

(2) **자아.** 자아는 모든 죄의 뿌리입니다. 우리는 "선한 일들"을 할 때조차도 얼마나 이기적이기 쉽습니까! 우리는 "자아"가 갈망하고 원하는 것은 무엇이든지 어지간해서는 포기하지 않으려고 합니다. 하지만 우리는 우리의 손이 다른 것들로 채워져 있을 때에는 그리스도께서 주시는 선물들을 받을 수 없다는 것을 압니다. 이것이 구주께서 처음으로 가르쳐 주신 기도에서 "우리"라는 표현을 사용하신 이유가 아니겠습니까? 거기에는 "우리"라는 단어가 가장 먼저 나옵니다: "우리 아버지여 …… 우리에게 …… 주시옵고 …… 우리 죄를 사하여 주시옵고 …… 우리를 …… 구하시옵소서"(마 6:9, 11-13; 눅 11:2-4).

교만은 기도를 방해합니다. 왜냐하면, 기도는 지극히 낮아져야만 할 수 있는 일이기 때문입니다. 그러므로 교만은 하나님이 대단히 미워하시는 것일 수밖에 없습니다! "우리에게 모든 것을 후히 주사 누리게 하시는" 분은 하나님이십니다(딤전 6:17). 사도 바울은 "네게 있는 것 중에 받지 아니한 것이 무엇이냐"(고전 4:7)고 반문합니다. 우리가 "교만"과 그 밉살스럽고 추악한 자매인 "시기"가 우리의 기도 생활을 망치게 해서는 안 된다는 것은 너무나 분명하지 않습니까? 하나님이 우리를 위해 큰 일들을 행하시려고 해도, 우리가 그 큰 일들로 인해 교만해져서 "우리의 머리를 꼿꼿이 세우려고" 한다면, 어떻게 우리에게 그런 복을 주실 수 있겠습니까? 이 얼마나 어리석은 일입니까! 종종 우리가 고집을 부리고 끈질기게 구하면, 하나님은 우리의 거룩함에 해악이 될 줄을 아시면서도 우리가 구하는 것을 주십니다. "여호와께서는 그들이 요구한 것을 그들에게 주셨을지라도 그들의 영혼은 쇠약하게 하셨도다"(시 106:15). 오, 하나님, 우리를 자아로부터 구해 주십시오!

또한, 자아는 다른 사람들을 비판하는 일에 앞장섭니다. 사람이 예수 그리스도를 닮아갈수록 다른 사람들을 판단하는 일이 줄어든다는 것을 당신의 기억 속에 심어 두고 늘 생생하게 타오를 수 있게 하십시오. 그것은 틀림없는 시금석입니다. 다른 사람들을 비판하는 말을 늘 달고 사는 자들은 그리스도에게서 멀리 떠나 표류하는 자들입니다. 그들은 아직 그리스도의 사람들일 수는 있겠지만, 그리스도의 사랑의 영은 상실한 자들입니다. 사랑하는 독자여, 당신에게 비판하는 기질이 있다면, 그것으로 당신 자신이나 당신의 이웃을 난도질하려고 하지 마십시오. 당신에게 그렇게 하고자 하는 마음이 굴뚝같을지라도, 절대로 그렇게 하지 마십시오! 이것이 가혹한 말처럼 들립니까? 비판하는 것 자체가 죄이기 때문에, 비판하는 사람은 자기가 비판하고 정죄하는 바로 그 죄를 범하는 자가 아닙니까? 다른 사람을 비판하는 순간, 그는 그 죄를 범하게 됩니다. 비판하지 않으려고 하는 것은 도저히 뚫릴 것 같지 않아 보이는 갑옷을 뚫으려고 하는 것처럼 어렵습니다. 그러나 한 달만 당신의 입을 단속해서 다른 사람들을 "헐뜯는" 말을 하지 말아 보십시오. 그런 다음에는 또다시 헐뜯는 말을 하고 싶은 마음이 싹 사라지게 될 것입니다. "사랑은 오래 참고 온유하며"(고전 13:4). 우리는 그렇게 하고 있습니까? 과연 우리는 그런 사람입니까?

우리가 다른 사람들을 우리 자신보다 더 나쁜 색들로 칠했다고 해서, 우리 자신이 더 나은 사람이 되는 것은 아닙니다. 하지만 우리가 다른 사람들에 대한 나쁜 말들을 옮기기를 거절하거나, 다른 사람들의 일이나 삶을 "판단하는 것"을 그만둘 때, 우리의 영적인 기쁨은 두드러지게 커지고, 그리스도에 대한 우리의 증언은 더욱 생생해질 것입니다. 그렇게 하는 것이 처음에는 힘들고 어렵겠지만, 그것은 곧 우리에게 말할 수 없는 기쁨을 가져다 주고, 우리는 우리 주위의 모든 사람을 사랑할 수 있게 되는 상을 받게 될 것입니다. "오늘날 판치는" 이단들을 보면서 침묵하는 것은 무척 힘든 일입니다. 성경도 우리에게 "성도에게 단번에 주신 믿음의 도를 위하여 힘써 싸우라"(유 1:3)고 말하지 않습니까? 때때로 우리는 말을 해야 하지만, 언제나 사랑을 품은 마음으로 그렇게 해야 합니다. "오류를 지적하기 위해서 사랑을 죽이는 것보다는 차라리 오류가 살아 있게 내버려 두십시오."

우리가 은밀하게 개인적으로 기도할 때조차도 다른 사람들의 흠을 들추어내는 일은 결단코 피해야 합니다. 존 하이드가 어떤 "냉정한 형제"를 위해 기도한 이야기를 다시 한 번 읽어 보십시오. 내 말을 믿으십시오. 비판하는 마음은 다른 그 어떤 것보다도 우리의 거룩한 삶을 더 쉽게 파괴해 버립니다. 왜냐하면, 비판하는 것은 죄인데도 불구하고 사람들로부터 대단한 능력으로 인정받는 까닭에, 우리는 비판하는 죄의 제물이 되기가 너무나 쉽기 때문입니다. 믿는 자가 사랑이신 그리스도의 영으로 충만하게 되었을 때, 자기 친구들에게 본 그리스도인답지 않은 행실을 다른 사람들에게 결코 말하지 않으리라는 것은 두말할 필요조차 없습니다. "그는 내게 너무 무례했어", "그는 너무 건방져", "나는 그 사람을 참을 수 없어" 등등과 같은 말들이 냉혹하고 불필요하며 흔히 참되지 않다는 것은 분명합니다.

우리의 사랑하는 주님은 죄인들이 그를 거역하여 막말을 쏟아낼 때에도 다 참아내시며 결코 불평하지도 않으셨고, 그런 것들을 다른 사람들에게 널리 알리지도 않으셨습니다. 그런데 왜 우리는 그렇게 해야 합니까? 그리스도께서 우리를 자신의 뜻대로 다스리시게 하려면, 우리는 우리의 자아를 내려놓아야 하고, 우리 마음의 보좌에서 끌어내려야 합니다. 우리의 심령 속에는 그 어떤 우상도 있어서는 안 됩니다. 당신은 전에 하나님이 몇몇 종교 지도자들에 대해 무엇이라고 말씀하셨는지를 기억하십니까? "이 사람들이 자기 우상을 마음에 들이며 …… 그들이 내게 묻기를 내가 조금인들 용납하랴"(겔 14:3).

하나님의 영광이 우리의 유일한 목표이자 목적일 때, 하나님은 우리의 기도에 응답하실 수 있습니다. 그리스도께서 주시는 선물들이 아니라 그리스도가 우리가 원하는 것이 되어야 합니다. "여호와를 기뻐하라 그가 네 마음의 소원을 네게 이루어 주시리로다"(시 37:4).

> "사랑하는 자들아 만일 우리 마음이 우리를 책망할 것이 없으면 하나님 앞에서 담대함을 얻고 무엇이든지 구하는 바를 그에게서 받나니 이는 우리가 그의 계명을 지키고 그 앞에서 기뻐하시는 것을 행함이라"(요일 3:21-22).

사람이 "구하여도 받지 못함은 정욕으로 쓰려고," 즉 자기 자신을 위하여 쓰려고 "잘못 구하기 때문이라"(약 4:3)는 말씀은 초대교회에서와 마찬가지로 오늘날에도 참입니다.

(3) **사랑 없음**. 마음에 사랑이 없는 것은 아마도 기도를 방해하는 가장 중요한 요인일 것입니다. 사랑의 영은 믿음의 기도의 조건입니다. 사람과의 관계가 잘못되어 있는데도, 하나님과의 관계가 올바르게 되어 있을 수 없습니다. 기도의 영은 본질적으로 사랑의 영입니다. 중보기도는 단지 기도로 표출된 사랑일 뿐입니다.

크고 작은 모든 일에서
최고로 사랑하는 사람이 최고로 기도하는 사람이라네.
우리를 사랑하시는 하나님이
모든 것을 지으시고 사랑하시기 때문이라네.

어떻게 우리가 감히 하나님이 사랑하시는 자들을 미워하거나 싫어할 수 있습니까? 우리가 사람들을 미워하거나 싫어하면, 어떻게 그리스도의 영이 우리 안에 있을 수 있겠습니까? 우리가 드리는 기도가 단지 형식적인 것이 되게 하려고 하지 않는다면, 우리는 우리의 신앙에서 이 가장 기본적인 사실들을 직시해야 합니다. 주님은 "너희를 박해하는 자를 위하여 기도하라 이같이 한즉 하늘에 계신 너희 아버지의 아들이 되리니"(마 5:44-45)라고 명령하셨습니다.

나는 그리스도인이라 불리는 사람들 중 상당수가 이런 질문을 단 한 번도 진지하게 생각해 보지 않았을 것이라고 생각합니다. 유명한 이들을 포함해서 아주 많은 그리스도인 사역자들이 자신들과 생각이 다른 사람들에 대해 말하는 것을 들어 보면, 우리는 그들이 주님의 그런 명령을 한 번도 들어본 적이 없는 것이 아닌가라고 생각할 수밖에 없게 됩니다!

이 세상에서 우리의 일상적인 삶은 우리의 기도가 얼마나 능력이 있는지를 가늠해 볼 수 있는 최고의 지표입니다. 하나님은 내가 공적으로나 사적으로 기도하면서 나타내 보이는 심령의 태도나 어조가 아니라, 나의 일상적인 삶 속에서 드러나는 내 심령 상태에 따라서 나의 기도들을 평가하십니다.

신경질적인 사람들은 단지 인정머리 없고 쌀쌀맞은 기도만을 할 수 있을 뿐입니다. 우리가 주님의 명령에 순종해서 서로를 사랑하지 않는다면, 우리의 기도는 거의 소용이 없습니다. 우리가 다른 사람들을 용서하지 않고 앙심을 품고 있다면, 기도하는 것은 거의 시간낭비입니다. 그런데 어느 성당의 한 유명한 주임 사제가 최근에 우리가 결코 용서할 수 없는 사람들이 있다는 말을 했다고 합니다. 만약 그렇다면, 그는 주기도문을 축소해서 사용하고 있다고 믿을 수 있습니다. 그리스도께서는 우리에게 "우리가 우리에게 죄 지은 자를 사하여 준 것 같이 우리 죄를 사하여 주시옵고"(마 6:12)라고 기도하라고 가르치셨습니다. 그리고 조금 후에는 거기에서 한 걸음 더 나아가서 "너희가 사람의 잘못을 용서하지 아니하면 너희 아버지께서도 너희 잘못을 용서하지 아니하시리라"(마 6:15)고 단호하게 말씀하셨습니다. 그런데 우리가 그리스도의 영을 따라 행하지 않음으로써, 우리에게 꼭 필요한 죄 사함을 상실해서야 되겠습니까. 우리의 독자들 중에서 얼마나 많은 사람들이 자신들의 원수를 용서하거나 자신들을 화나게 한 친구들을 용서할 마음을 손톱만큼도 가지지 않은 채로 오늘도 주기도문을 반복해서 드리고 있을까요?

그리스도인들 중에는 제대로 된 기도를 단 한 번도 드려 보지 못한 사람이 수두룩합니다. 그것은 그들이 의도적으로 그렇게 하려고 작정하였기 때문이 아니라, 자신의 기도에 대해 깊이 생각해 보지 않았기 때문입니다. 그리고 그 책임은 사실 말씀을 전하고 가르치는 우리에게 있습니다. 우리는 실제보다는 교리를 가르치는 데 치중하기 쉽습니다. 대부분의 사람들은 올바른 것들을 행하고자 하지만, 삶 속에서 사랑을 실천할 수 있는 작은 일들보다는 무엇인가 큰 일들을 생각합니다.

심지어 주님은 "네 형제에게 원망 들을 만한 일이 있는 것이 생각나거든"(마 5:23), 그 일을 해결하기 전에는 하나님께 예물조차 드리지 말라고까지 말씀하십니다. 그런 경우에 하나님이 우리의 예물도 받지 않으신다는데, 우리의 기도에 응답해 주시겠습니까? 주님이 "욥의 곤경을 돌이키시고 욥에게 이전 모든 소유보다 갑절이나 주신" 것은 욥이 자신의 원수들(성경에서는 "친구들"이라고 부른다)과 다투기를 그쳤을 때였습니다(욥 42:10).

우리는 우리의 삶이 기도를 방해한다는 사실을 어떻게든 직시하지 않으려 합니다! 그리고 우리는 사랑을 따라 행하려고 하지는 않고, 사람들을 "얻으려고" 합니다. 주님은 우리에게 사람들을 얻을 수 있는 한 가지 방법을 보여 주셨습니다: "네 형제가 죄를 범하거든" 그 사실을 다른 사람들에게는 말하지 말고 "가서 너와 그 사람과만 상대하여 권고하라 만일 들으면 네가 네 형제를 얻은 것이요"(마 18:15). 하지만 우리 중 대다수는 실제로는 그렇게 하지 않고, 도리어 우리의 형제들에게 고통을 안겨 주어 왔습니다!

가정생활조차도 기도 생활을 방해할 수 있습니다. 사도가 베드로전서 3:1-10에서 우리의 "기도가 막히지 아니하게" 하기 위해서 가정에서 어떻게 행해야 하는지에 대해서 무엇이라고 말하는지를 보십시오. 우리는 모든 독자들에게 하나님께 다시 한 번 자신의 마음을 살펴셔서, 다른 사람들을 해롭게 하는 "쓴 뿌리"(히 12:15)가 있는지를 보여 주시라고 구할 것을 강권하고자 합니다. 우리 모두는 하나님을 기쁘시게 해 드리는 것들을 행하고 싶어 합니다. 우리가 온 힘을 다해서 우리 자신과 우리와 다툰 사람이 서로 화해하고 화목하게 지낼 수 있게 하기 전에는 하나님께 기도하지 않겠다고 결심한다면, 그것은 우리의 영적인 삶에 이루 말할 수 없이 큰 유익을 가져다 줄 것입니다. 우리가 그렇게 할 수 있는데도 그렇게 하지 않고 있다면, 그런 상태에서 드리는 우리의 기도는 단지 시간 낭비가 될 뿐입니다. 우리가 다른 사람에 대하여 좋지 않은 감정을 품고 있으면, 하나님은 자신이 원하시는 대로 우리를 도우실 수 없게 됩니다.

사랑을 품고 살아가는 삶은 믿음의 기도를 드리기 위한 필수적인 조건입니다. 하나님은 오늘도 또다시 우리에게 그의 차고 넘치는 복을 받기에 합당한 사람이 되라고 도전하십니다. 우리는 다른 사람을 용서하지 않고 앙심을 품고 살아갈 것인지, 아니면 우리 주 예수 그리스도의 자비로우심과 인애하심을 따라 베풀어 주시는 은혜와 복을 받고 살아갈 것인지를 선택하여야 합니다. 이 둘 중의 어느 쪽도 선택하지 않고 줄타기를 할 수 있다고 생각하는 사람이 있는 것은 정말 이상한 일입니다. 앙심에 의해서 다른 누구보다도 가장 큰 해악을 입는 사람은 앙심을 품고 있는 바로 그 사람입니다.

"서서 기도할 때에 아무에게나 혐의가 있거든 용서하라 그리하여야 하
늘에 계신 너희 아버지께서도 너희 허물을 사하여 주시리라"(막 11:25). 이것
은 찬송받으시기에 합당하신 주님의 말씀입니다. 그런데도 우리의 기도가
막히는 것을 감수하고서라도 끝까지 용서하지 않으려 하고 앙심을 품으려
고 해서야 되겠습니까? 우리의 마음속에 사랑이 없고 용서하지 않아서 참
된 기도를 드릴 수 없다면, 온종일 기도한다고 한들, 그것이 우리에게 무슨
유익이 되겠습니까? 이 진리를 보지 않으려 하는 우리를 지켜 보면서 마귀
가 얼마나 비웃겠습니까?

우리의 마음이 사랑으로 채워져 있지 않다면, 달변이나 지식이나 믿음
이나 구제하는 것이나 심지어 순교까지도 우리에게 아무 유익이 없을 것이
라고 하나님이 말씀하지 않으셨습니까(고전 13장)? "그러므로 우리에게 사랑
을 주십시오."

(4) 우리에게 주어진 몫을 다하지 않으려 하는 것도 하나님이 우리의 기
도에 응답하시는 것을 방해할 수 있습니다. 사랑은 여기에서든 해외에서든
사람들의 죄와 고통을 보면 불쌍히 여기는 마음과 섬기고자 하는 마음을 불
러일으킵니다. 그래서 사도 바울이 우상들로 가득한 도시였던 아테네를 보
았을 때, 그의 "마음"은 "격분할" 수밖에 없었습니다(행 17:16). 우리에게 주
어진 은사들과 우리의 기도와 섬김을 통해서 하나님의 나라가 속히 올 수
있게 하기 위한 일들을 하고 있지 않다면, 우리가 "나라가 임하시오며"(마
6:10; 눅 11:2)라고 기도한다고 해도, 그 기도는 진심일 수 없습니다.

우리가 믿지 않는 자들에게 말로나 글로 전도하거나 그들을 복음의 감

화 아래 있게 하기 위한 어떤 시도를 하지 않는다면, 믿지 않는 자들의 회심을 위해 드리는 우리의 기도는 진심일 수 없습니다. 무디(Moody)는 큰 전도 집회를 앞두고서 하나님의 은혜를 구하는 기도 모임에 참석했습니다. 거기에는 부자들이 여러 명 있었습니다. 한 사람이 이 집회에 들어가는 비용을 충당하기 위해 충분한 물질을 보내 주시라고 하나님께 기도하기 시작했습니다. 그러자 무디는 즉시 그 사람의 기도를 중단시키고서는, "우리 자신이 그 기도에 응답할 수 있기 때문에, 우리는 이 문제를 가지고 굳이 하나님을 괴롭힐 필요가 없습니다"라고 조용히 말했습니다.

(5) 오직 은밀하게만 기도하는 것이 기도 응답에 방해가 될 수 있습니다. 한 가정의 자녀들이 그들의 아버지를 언제나 개별적으로 만나야 하는 것은 아닙니다. 주님이 여러 사람들이 마음을 모아 드리는 "합심 기도"를 여러 번 언급하신 것은 주목할 만한 일입니다. "너희는 이렇게 기도하라 하늘에 계신 우리 아버지여"(마 6:9); "너희 중의 두 사람이 땅에서 합심하여 무엇이든지 구하면 하늘에 계신 내 아버지께서 그들을 위하여 이루게 하시리라 두세 사람이 내 이름으로 모인 곳에는 나도 그들 중에 있느니라"(마 18:19-20).

많은 교회들이 영적인 삶에서 취약하고 빈약한 모습을 보이는 것은 교회를 위해 기도하는 모임이 별로 없거나 성도들이 기도할 수 있는 집회들이 없기 때문이라고 우리는 확신합니다. 매일의 아침 기도회와 저녁 기도회는 형식으로 대충 드리고 황급히 끝내기 일쑤지만, 경건하고 여유 있게 드린다고 해도, 모든 사람이 참여해서 자유롭게 기도할 수 있는 좀 덜 공식적인 기도 집회를 대신할 수 없습니다. 매주마다 펄펄 살아 움직이는 기도 집회를 가질 수는 없는 것일까요?

(6) **찬송은 기도만큼 중요합니다.** 우리는 "감사함으로 그의 문에 들어가며 찬송함으로 그의 궁정에 들어가서 그에게 감사하며 그의 이름을 송축하여야" 합니다(시 100:4). "기도하는 하이드"는 자신의 일생에서 어느 때에 자신의 사역을 통해서 하루에 네 명이 회심하여 양 우리 속으로 들어오게 해 달라고 구하게 되었습니다. 어느 날 회심한 사람의 수가 거기에 미달하자, 그것이 무거운 짐이 되어서 그의 마음을 짓누르는 통에 아주 고통스러워서 먹을 수도 잠을 잘 수도 없게 되었습니다. 그래서 그는 자기 자신 속에 있는 그 무엇이 그의 기도에 대한 응답을 방해한 장애물이었는지를 보여 주시라고 주님께 기도했고, 자신의 삶 속에 찬송이 없었던 것이 장애물이었다는 것을 아주 분명하게 알게 되었습니다. 그는 자신의 죄를 고백하고서, 찬송하고자 하는 마음을 자기에게 주시라고 기도했습니다. 그는 자기가 찬송했을 때, 하나님을 찾는 심령들이 그를 찾아오곤 했다고 말했습니다. 이것은 우리가 우리의 사역을 통해서 몇 사람이 회심할 수 있게 해 달라고 구함으로써 하나님을 제한하라는 의미가 아니고, "하나님을 기뻐하고 마음과 생각과 뜻을 다하여 하나님을 찬송하라"는 의미입니다.

성경에서 그토록 자주 "여호와를 기뻐하라"고 명령하고 있는 것은 결코 우연이 아닙니다. 하나님은 자신의 자녀들이 불행하기를 원하시지 않고, 하나님의 자녀들 중에서 불행할 이유를 갖고 있는 사람은 아무도 없습니다. 누구보다도 가장 많이 박해를 받았던 사도 바울은 찬송의 사람이었습니다. 감옥 안에서든 밖에서든 그의 입에서는 찬송이 나왔습니다. 그는 밤낮으로 자신의 구주를 찬송했습니다. 그의 다음과 같은 권면 속에서 그가 권면하

는 순서가 의미심장합니다:

> "항상 기뻐하라 쉬지 말고 기도하라 범사에 감사하라 이것이 그리
> 스도 예수 안에서 너희를 향하신 하나님의 뜻이니라"(살전 5:16-18).

이것은 하나님의 뜻이기 때문에 우리가 마음대로 선택할 수 있는 것이
아니라는 것을 명심하십시오.

기뻐하라 - 기도하라 - 감사하라.

이것은 당신과 나를 향한 하나님의 뜻에 따른 순서입니다. 우리의 찬송
만큼 하나님을 기쁘시게 하는 것은 없고, 기도하는 사람이 드리는 찬송만
큼 그 사람에게 복을 가져다 주는 것은 없습니다! "여호와를 기뻐하라 그가
네 마음의 소원을 네게 이루어 주시리로다"(시 37:4).

한 선교사가 집으로부터 아주 나쁜 소식을 받고서 완전히 낙심하여 의
기소침해 있었습니다. 기도를 해도 그의 암울하고 착잡한 심령이 나아지지
않았습니다. 그는 위로를 구하기 위해서 다른 선교사를 찾아 갔는데, 그 집
의 벽에 "감사하려 하라"는 글귀가 크게 적힌 종이가 붙여져 있었습니다.
그는 그렇게 했습니다. 그러자 그의 심령 속에서 순식간에 모든 어둠이 걷
혔고 다시는 돌아오지 않았습니다.

우리는 우리의 기도가 응답받는 데 아무런 장애가 없을 정도로 충분히
찬송하고 있습니까? 진정으로 주님을 믿고 신뢰한다면, 우리는 늘 언제 어

디서나 주님을 찬송하게 될 것입니다.

> 하나님은 자신이 원하시는 것 외에는
> 아무것도 일어나게 하지 않으시고,
> 모든 일들의 목적이신 오직 하나님 자신만을 보시고
> 모든 일을 행하십니다.

루터가 기도하는 것을 들은 적이 있는 어떤 사람이 이렇게 말했습니다: "은혜가 풍성하신 하나님! 그의 기도 속에는 생명력과 믿음이 살아 있었습니다! 그는 마치 하나님의 면전에 있는 것처럼 큰 경외심으로 하나님께 간구하였지만, 마치 아버지나 친구에게 말하는 것처럼 견고한 소망과 확고한 신뢰를 가지고 하나님께 간구하였습니다." 그 하나님의 자녀는 "기도를 방해하는 것들"이 존재한다는 것을 전혀 의식하지 않는 것처럼 보였습니다!

우리는 지금까지 우리가 말해 온 모든 것을 한 문장으로 요약할 수 있는데, 그것은 기도를 방해하는 모든 장애물들은 하나님이 자신의 모든 자녀를 위해 계획하신 거룩한 삶에 대한 성경의 가르침에 대한 무지로부터 생겨나거나, 우리 자신을 하나님께 온전히 성별해 드리고자 하지 않는 데서 생겨난다는 것입니다.

우리가 우리의 아버지 하나님께 "나의 모든 존재와 내게 있는 모든 것이 주의 것입니다"라고 진심으로 말할 수 있을 때, 하나님은 우리에게 "내게 있는 모든 것이 너의 것이니라"고 말씀하실 수 있습니다.

제12장

누가 기도할 수 있는가?

여섯 명의 대학생이 단지 서로의 방에서 기도 모임을 가지고서 기도문 없이 즉석에서 기도했다는 이유로 옥스퍼드 대학에서 퇴학을 당하고 쫓겨난 것이 겨우 두 세기 전의 일이었습니다! 그 때에 조지 휫필드(George Whitefield)는 그 대학의 부총장에게 편지를 써서, "우리는 어떤 학생들이 즉흥적으로 기도했다는 이유로 퇴학을 당했듯이, 정반대의 사람들이 즉흥적으로 맹세했다는 이유로 퇴학을 당했다는 말을 듣고 싶습니다"라고 말했습니다. 하지만 오늘날에는 우리의 땅에서 누구도 기도하는 것을 방해하지 않게 된 것을 하나님께 감사합니다. 누구나 기도할 수 있습니다. 그러나 과연 누구에게나 하나님께 기도할 자격이 있을까요? 하나님이 누구의 기도든 다 들어주실까요?

누가 기도할 수 있을까요? 기도는 모든 사람의 특권이고 권리일까요? 누구나 다 우리나라의 왕을 알현할 수 있는 권리가 있다고 주장할 수 없습니다. 우리나라의 군주에게 가까이 나아갈 수 있는 특권을 지닌 사람들과 그런 사람들의 무리는 한정되어 있습니다. 총리에게는 그런 특권이 있습니다. 옛적의 런던 자치시장도 언제든지 왕에게 청원할 수 있었습니다. 외국의 대사에게도 그런 권한이 있습니다. 대사는 직접 왕궁에 들어가서 곧장 왕을 알현하고 자신의 요구사항을 고할 수 있고, 대사와 왕 사이에서 그 어떤 권력도 개입할 수 없습니다. 그러나 왕자만큼 왕에게 자연스럽게 나아가서 왕을 만나고 왕에게서 환대를 받는 사람은 아무도 없습니다.

만왕의 왕이 계십니다. 그분은 우리 모두의 하나님이시고 아버지십니다. 누가 그분에게 나아갈 수 있겠습니까? 누가 하나님 앞에 나아가서 대화할 수 있는 특권과 권세를 누릴 수 있겠습니까? 가장 회의적인 사람 또는 세대 안에서도 기도는 언제나 표면 아래에서 기다리고 있다는 말이 있는데, 일리 있는 말입니다. 기도하는 것은 언제든지 사용할 수 있는 권리입니까? 어떤 종교들에서는 그렇지 않습니다. 인도에서 힌두교의 굴레 아래 살아가는 수많은 사람들은 브라만들 외에는 아무도 기도해서는 안 됩니다! 다른 계급에 속한 사람들은 아무리 백만장자라 해도 스스로 기도할 수 없기 때문에, 브라만 계급에 속한 초등학생이라도 붙들고 자신을 위해 기도해 줄 것을 부탁해야 합니다.

이슬람교도들은 아랍어로 된 몇몇 문구들을 배우지 않으면 기도할 수 없습니다. 왜냐하면, 그들의 "신"은 오직 그들이 거룩한 언어라고 믿는 아랍어로 기도해야만 듣기 때문입니다. 하나님께 감사하게도, 우리와 우리 하나님 사이에는 그런 계급이나 언어의 제한이 없습니다. 그래서 누구라도 기도할 수 있는 것일까요?

당신은 "그렇습니다, 누구라도 기도할 수 있지요"라고 대답할 것입니다. 그러나 성경은 그렇게 말하지 않습니다. 오직 하나님의 자녀만이 진정으로 하나님께 기도할 수 있습니다. 오직 자녀만이 하나님이 계신 곳으로 들어가서 하나님을 뵐 수 있습니다. 누구나 하나님께 도와 달라고 부르짖고

죄 사함과 긍휼을 베풀어 주시라고 부르짖을 수 있다는 것은 사실입니다. 그러나 그것은 기도라고 하기 어렵습니다. 기도는 그런 것을 훨씬 뛰어넘는 것입니다. 기도는 "지존자의 은밀한 곳에" 들어가서, "전능자의 그늘 아래" 사는 것입니다(시 91:1). 기도는 우리의 결핍들과 원하는 것들을 하나님께 아뢰고, 믿음의 손을 뻗어 하나님이 주시는 선물들을 취하는 것입니다. 기도는 성령이 우리 안에 내주하시는 결과입니다. 기도는 하나님과의 교제입니다. 왕과 반역자 사이에서 교제는 있을 수 없습니다. "빛과 어둠이 어찌 사귈" 수 있겠습니까(고후 6:14)? 우리 자신에게는 기도할 자격이 없습니다. 우리는 오직 주 예수 그리스도를 힘입어서만 하나님 앞에 나아갈 수 있습니다(엡 2:18; 3:12).

기도는 물에 빠져 죽게 생긴 사람이나 죄의 소용돌이 속에서 점점 깊이 가라앉는 사람이 "주여, 나를 구원하소서! 내가 죽게 생겼나이다! 제발 나를 구해 주소서!"라고 부르짖으며 살려 달라고 애원하는 것을 훨씬 뛰어넘는 것입니다. 누구라도 그렇게 부르짖을 수 있고, 하나님은 종종 그런 간구를 즉각적으로 들어주시기도 합니다. 왜냐하면, "사람은 아무리 자기가 원한다고 해도 하나님의 통치에서 벗어날 수 있는 것이 아니고" 언제나 하나님의 주관하심 아래 있기 때문입니다. 그러나 그것은 성경에서 말하는 기도가 아닙니다. 사자들도 자신들에게 먹이를 달라고 하나님께 포효하며 구합니다. 그러나 그것은 기도가 아닙니다.

우리는 주님이 "구하는 이마다 받을 것이요"(마 7:8)라고 말씀하신 것을 압니다. 주님이 그렇게 말씀하신 것은 사실이지만, 누구에게 그렇게 말씀하신 것입니까? 바로 그의 제자들에게 말씀하신 것이었습니다(마 5:1-2). 그렇습니다. 기도는 하나님과의 교제이고, 어떤 사람의 표현에 의하면 우리 영혼의 "가정 생활"입니다. 우리가 성자 예수님을 "영접해서" "하나님의 자녀가 되는 권세"(요 1:12)를 받고 우리 심령 속에 성령께서 내주하지 않는다면, 우리와 하나님 간에 그 어떤 교제가 있을 수 있는지는 의문입니다.

기도는 자녀의 특권입니다. 오직 하나님의 자녀들만이 하늘에 계신 아버지 하나님이 그를 사랑하는 자들을 위해 준비해 두신 것들을 달라고 할 수 있습니다. 주님은 우리에게 우리가 기도할 때 하나님을 "우리 아버지"라고 부르라고 가르치셨습니다. 오직 자녀들만이 그 단어를 사용할 수 있다는 것은 확실하지 않습니까? 사도 바울은 "너희가 아들이므로 하나님이 그 아들의 영을 우리 마음 가운데 보내사 아빠 아버지라 부르게 하셨느니라"(갈 4:6)고 말합니다. 하나님이 욥의 "위로자들"을 처리하는 일과 관련해서 "내 종 욥이 너희를 위하여 기도할 것인즉 내가 그를 기쁘게 받으리니"(욥 42:8)라고 말씀하셨을 때, 하나님의 마음속에 있던 것이 바로 그런 것이지 않았겠습니까? 하나님은 그들의 기도를 "받지" 않고자 하셨던 것으로 보입니다.

그러나 어느 누가 "하나님의 아들"이 되는 순간, 그는 기도 학교에 들어가야 합니다. 주님은 방금 회심한 사울에 대해서 "그가 기도하는 중이니라"(행 9:11)고 말씀하셨습니다. 하지만 사실 사울은 그 때까지 살아오면서 내내 자기가 기도해 왔다고 생각했을 것입니다. 회심한 사람들은 기도할 수 있을 뿐만 아니라 반드시 기도해야 합니다. 회심한 각 사람은 자기 자신을 위해서 기도하고 다른 사람들을 위해서 기도해야 합니다. 하지만 진정으로 하나님을 "아버지"라 부를 수 있게 될 때까지는, 우리는 하나님의 "자녀들"도 아니고, "하나님의 상속자요 그리스도와 함께 한 상속자"(롬 8:17)도 아닙니다. 우리에게는 그렇게 주장할 권리가 없습니다. 당신은 이 말이 좀 심하다고 생각하십니까? 아닙니다. 이것은 지극히 당연한 말입니다. "자녀"가 아닌데 어떻게 그런 권리를 주장할 수 있겠습니까?

그러나 내가 하는 말을 오해하지 마십시오. 이것은 하나님의 자녀가 아닌 사람들이 천국에 들어올 수 없게 차단하고자 하는 것이 아닙니다. 누구나 어디에서든 "하나님이여, 이 죄인에게 자비를 베푸소서"라고 부르짖을 수 있습니다! 그리스도의 양 우리 밖에 있고 하나님의 권속 밖에 있는 사람은 누구든지 그가 아무리 악한 자이든, 또는 자기가 지극히 선하다고 생각하는 자이든, 언제든지 그리고 이 글을 읽고 있는 바로 이 순간에도 하나님의 자녀가 될 수 있습니다. 믿음으로 그리스도를 바라보는 것으로 충분합니다. "바라보고 살아라." 하나님은 "보라"고 말씀하시지도 않습니다. 단지 "바라보라"고 말씀하십니다! 당신의 얼굴을 하나님께로 돌리십시오.

갈라디아의 그리스도인들은 어떻게 "하나님의 아들들"이 되었습니까? 그리스도를 믿었기 때문이었습니다. "너희가 다 믿음으로 말미암아 그리스도 예수 안에서 하나님의 아들이 되었으니"(갈 3:26). 누구라도 참된 회개와 믿음 가운데서 그리스도께로 돌이키는 순간, 그리스도께서는 그 사람에게 은혜를 베푸셔서 하나님의 아들로 삼아 주십니다. 그러나 우리가 하나님의 자녀가 아닌 경우에는 하나님의 섭리에 대해서조차도 어떻게 해 달라고 요청할 권리가 없습니다. 우리가 확신 속에서 믿음으로 "여호와는 나의 목자시니"라고 고백할 수 없다면, 그 어떤 확신을 가지고서 "내게 부족함이 없으리로다"라고 말할 수 없습니다(시 23:1).

하지만 자녀에게는 아버지의 돌보심과 사랑과 보호와 양육을 받을 권리가 있습니다. 그리고 어떤 가족의 자녀가 되려면 그 가족으로 태어나야 합니다. 우리는 "거듭남"으로써(요 3:3), 즉 주 예수 그리스도를 믿음으로써(요 3:16) 하나님의 자녀들이 됩니다.

내가 지금까지 말한 이 모든 것은 하나의 경고로서, 그리고 어떤 사람들의 기도가 전혀 응답받지 못하는 이유에 대한 설명으로서 말한 것이고, 이제 여기에서는 서둘러서 한 가지를 덧붙이고자 하는데, 그것은 하나님은 법적으로 기도할 권리가 없는 자들, 즉 하나님의 "자녀"가 아니고 심지어 하나님의 존재조차 부정하는 자들의 기도도 때로는 들으시고 응답하신다는 것입니다! 복음서들은 적지 않은 불신자들이 병 고침을 받기 위해 그리스도께 나아왔고, 그럴 때에 주님은 결단코 단 한 사람도 그냥 돌려 보내지 않으시고, 그들이 원했던 복을 그들에게 주어서 보내셨다는 것을 우리에게 말해 줍니다. 그들은 "자녀"의 자격이 아니라 "구걸하는 자들"로서 왔습니다. "자녀로 먼저 배불리 먹게" 하는 것이 마땅했을지라도(막 7:27), 자녀가 아닌 자들에게도 "부스러기"가 돌아갔고, 아니 부스러기 이상의 것이 돌아갔습니다. 그리고 그것들은 그들에게 거저 주어졌습니다.

마찬가지로 오늘날에도 불신자들이 현세적인 복들을 구하여 부르짖을 때, 하나님은 종종 그들이 구하는 것들을 들어주십니다. 필자가 잘 알고 있는 한 가지 사례를 예로 들어 보겠습니다. 내 친구가 내게 자기는 오랜 세월 무신론자로 살아 왔었다고 말했습니다. 그는 실제로 믿지 않는 자였는데도 음악이 좋아서 교회 성가대원으로 사십 년 동안이나 활동해 왔습니다. 그의 연로하신 아버지가 이삼 년 전에 중병에 걸리셔서 큰 고통 속에서 누워 계셨습니다. 의사들도 그의 아버지의 고통을 덜어 줄 방법이 없어서 손을 놓고 있었습니다. 아버지 때문에 너무나 괴로웠던 이 불신자 성가대원은 무릎을 꿇고서, "하나님, 하나님이 계신다면 내 아버지의 고통을 제거해 주심으로써 당신의 능력을 보여 주십시오"라고 부르짖었습니다. 하나님은 그사람의 애처로운 부르짖음을 들으셨고, 그의 아버지의 고통을 즉시 제거해 주셨습니다. 이 "무신론자"는 하나님을 찬송하였고, 목사에게로 급히 달려가서 구원의 길을 발견했습니다! 오늘날 그에게는 온통 그리스도밖에 없고, 그는 자기가 새롭게 발견한 구주를 위해 자신의 모든 시간을 드려서 일하고 있습니다. 그렇습니다. 하나님은 자신이 약속하신 것들보다 더 크시고, 우리가 기도하기도 전에 이미 그 기도를 들어주실 준비를 하고 계십니다.

불신자들의 입에서 나온 모든 "기도들" 중에서 가장 주목할 만한 것은 아마도 『우리의 모범이신 그리스도』(Christ Our Example)의 저자인 캐롤라인 프라이(Caroline Fry)의 기도일 것입니다. 그녀에게는 미모와 부, 사회적 지위와 많은 친구들이 있었지만, 그 어느 것에도 만족하지 못하고 철저한 절망속에 빠져서, 결국 하나님을 찾게 되었습니다. 하지만 그녀가 하나님 앞에서 가장 먼저 꺼낸 말들은 하나님께 공개적으로 반역하고 하나님을 미워하는 자신의 심정을 표현하는 말들이었습니다! 한 번 들어 보십시오. 그것은 "자녀"가 드리는 기도가 아닙니다:

하나님, 당신이 하나님이라도 해도, 나는 당신을 사랑하지도 않고
당신을 원하지도 않습니다. 당신 안에 그 어떤 행복이 있다는 것도
믿지 않습니다. 그러나 당신이 보시다시피, 나는 이렇게 불행하고

참담합니다. 내가 구하지 않는 것을 내게 주시고, 내가 원하지 않는 것을 내게 주십시오. 당신이 할 수 있으시다면, 한 번 나를 행복하게 만들어 보십시오. 나는 이렇게 불행하고 참담합니다. 나는 이 세상이 지겹고 넌더리가 납니다. 더 나은 것이 있다면, 그것을 내게 주십시오!

이것이 무슨 "기도"입니까! 하지만 하나님은 들으셨고 응답하셨습니다. 하나님은 이 방황하는 딸의 죄를 사하셨고, 그녀를 지극히 행복하게 만드셨으며, 하나님을 섬기는 일에서 놀라운 열매를 맺을 수 있게 해 주셨습니다.

하나님을 알지 못하는 야만적인 가슴들 속에도
갈망이 있고 사모함이 있으며 고군분투함이 있습니다.
그들은 무엇이 선인지 알지 못하지만,
그 연약하고 절망적인 손으로
눈이 먼 채로 어둠 속을 더듬다가
그 어둠 속에서 하나님의 오른손을 만지고,
하나님은 그 손을 들어올리시고 힘 있게 하십니다.

우리의 질문을 약간 바꾸어서, "누가 기도할 자격이 있는가"라고 물어볼까요? 오직 성령이 내주하시는 하나님의 자녀들만이 기도할 자격이 있습니다. 그러나 우리가 기억해야 할 것은 그런 사람들이라고 할지라도, 하나님의 자녀로서 합당한 삶을 살아가지 않는 사람은 하늘에 계신 그의 아버지 앞에 부끄러움 없이 담대하게 나아갈 수 없다는 것입니다. 우리는 육신의 아버지가 잘못된 삶을 살고 있는 자녀들을 총애하여 온갖 것을 아낌없이 베풀어 줄 것이라고 기대할 수 없습니다. 오직 신실하고 성별된 아들만이 "영으로 기도하고 또 마음으로 기도할" 수 있습니다(고전 14:15).

그러나 우리가 하나님의 아들들이라면, 죄 외에는 그 어떤 것도 우리의 기도를 가로막을 수 없습니다. 하나님의 자녀들인 우리에게는 언제 어디에서나 하나님 앞으로 나아갈 수 있는 권세가 있습니다. 그리고 우리가 어떤 형태로 기도를 드리든, 하나님은 우리의 기도를 알아들으십니다. 우리는 사도 바울처럼 놀라운 언변의 은사를 받아서 감사와 간구와 찬송을 폭포수처럼 하나님 앞에 쏟아 놓을 수도 있고, 사도 요한처럼 하나님과 연인처럼 고요하면서도 깊은 교제를 가질 수도 있습니다. 존 웨슬리(John Wesley) 같은 탁월한 학자나 윌리엄 캐리(William Carey) 같은 비천한 구두 수선공이나 은혜의 보좌 앞에서는 둘 다 똑같이 환영받습니다. 천국을 움직이는 영향력의 정도는 고귀한 혈통이나 탁월한 지성이나 놀라운 업적이 아니라, 천국을 다스리시는 왕의 아들을 얼마나 겸손하고 철저하게 의지하느냐에 의해서 결정됩니다.

무디(Moody)는 자신의 놀라운 성공을 사람들에게 거의 알려져 있지 않은 한 무명의 병약한 여자의 기도 덕분으로 돌렸습니다! 실제로 여러 해 동안 병상에 누워 있는 성도들의 기도를 통해서 영국의 영적 부흥이 신속하게 올 수 있습니다. 오, "병상에 갇혀 있는 모든 이들"이 그들의 입을 벌려 기도하기 시작한다면, 얼마나 좋겠습니까!

혹시 우리는 기도의 "은사"를 가진 사람들은 따로 있다고 잘못 생각하고 있는 것은 아닙니까? 한 영특한 케임브리지 대학생이 내게 기도의 삶이라는 것은 극소수의 사람들만이 소유하고 있는 은사가 아니냐고 물었습니다. 누구나 다 음악적인 소질을 가진 것이 아니듯이, 모두가 기도하는 삶을 살아야 하는 것은 아니지 않느냐고 말했습니다! 조지 뮬러가 특별한 사람이 된 것은 기도의 은사를 지니고 있어서가 아니라 기도했기 때문이었습니다. 아론 같이 언변이 좋은 사람들은 말로 중재하지만, 언변이 없는 사람들은 은밀한 기도를 통해서 중재할 수 있습니다. 하나님은 대단히 은혜로우시고 종종 우리의 믿음을 뛰어넘어 역사하시지만, 우리가 기도에서 하나님에 대하여 큰 능력을 가지려면 우리에게 큰 믿음이 있어야 합니다.

헨리 마틴(Henry Martyn)은 기도의 사람이었지만, 그의 믿음은 그의 기도를 따라가지 못했습니다. 한 번은 "브라만이 그리스도께로 회심하는 것을 기대하는 것은 죽은 사람이 다시 살아오기를 기대하는 것만큼이나 불가능한 일"이라고 단언하기도 했습니다. 야고보가 그를 보았다면, "이런 사람은 무엇이든지 주께 얻기를 생각하지 말라"(약 1:7)고 말했을 것입니다. 헨리 마틴은 브라만이 그리스도를 자신의 구주로 영접하는 것을 보지 못하고 죽었습니다. 그는 날마다 인적이 닿지 않은 사원으로 가서 기도했지만, 브라만이 회심할 것이라는 믿음을 갖고 있지는 않았습니다. 몇 달 전에 그 사원에서 한 무리의 그리스도인들이 무릎을 꿇고 기도했는데, 그들은 인도와 버마와 실론 등지에서 온 사람들로서, 전에는 브라만과 이슬람교도였다가 지금은 그리스도인이 된 사람들이었습니다. 헨리 마틴보다 더 큰 믿음을 가지고 기도했던 사람들이 있었던 것입니다.

누가 기도할 수 있습니까? 우리가 기도할 수 있습니다. 그러나 우리는 기도하고 있습니까? 주님은 "지금까지는 너희가 내 이름으로 아무 것도 구하지 아니하였으나 구하라 그리하면 받으리니 너희 기쁨이 충만하리라"(요 16:24)고 처음으로 말씀하셨던 때보다도 한층 더 큰 연민과 자애로우심을 가지고 우리를 지켜보고 있지 않으시겠습니까? 사랑하는 주님도 자신의 사역을 능력 있게 하시기 위해 기도에 의지하셨는데, 하물며 우리는 어떠하겠습니까? 주님은 종종 "심한 통곡과 눈물로"(히 5:7) 기도하셨습니다. 우리는 어떻습니까? 눈물로 기도해 본 적이 있습니까? 우리는 "우리를 소생하게 하소서 우리가 주의 이름을 부르리이다"(시 80:18)라고 부르짖는 편이 더 나을 것입니다.

사도 바울이 디모데에게 준 권면은 우리 모두에게 준 것이나 다름없습니다: "네 속에 있는 하나님의 은사를 다시 불일듯 하게" 하라(딤후 1:6). 성령은 우리의 기도를 돕는 최고의 조력자입니다. 우리에게는 우리에게 진정으로 필요한 것들을 알지 못하기 때문에 그런 것들을 기도할 능력이 없지만, 성령께서 우리를 위해 그것을 해 주십니다. 우리는 마땅히 구해야 할 것을 구할 수 없지만, 성령께서는 우리를 위해 그것을 해 주십니다. 성령의 도우심을 받지 않는 사람은 자기에게 해로운 것들을 구하기 쉽지만, 성령께서는 그것을 막아 줍니다. 우리의 연약하고 떨리는 손으로는 그 어떤 강력한 힘을 움직일 수 없습니다. 감히 내가 어떻게 만유를 움직이시는 그 손을 움직일 수 있겠습니까? 절대로 그럴 수 없습니다! 그것은 오직 성령께서 나를 주관하실 때에만 가능합니다.

그렇습니다. 우리가 기도하기 위해서는 하나님의 도우심이 필요합니다.

그리고 우리에게는 그 도우심이 준비되어 있습니다! 삼위일체 하나님이 모두 우리의 기도를 지극히 기뻐하십니다! 성부 하나님은 우리의 기도를 들으시고, 성령 하나님은 우리의 기도를 지도하시며, 영원하신 성자 하나님은 우리의 간구를 받아 하나님께 올려 드릴 뿐만 아니라 우리를 위해 중보 기도를 해 주십니다. 이렇게 해서 응답이 내려옵니다.

내 말을 믿으십시오. 기도는 우리의 최고의 특권이고 우리의 가장 중차대한 책무이며, 하나님이 우리의 손에 맡기신 가장 큰 능력입니다. 기도, 즉 진정한 기도는 하나님의 피조물이 수행할 수 있는 가장 고귀하고 가장 고상하며 가장 엄청난 행위입니다.

새뮤얼 콜리지(Samuel T. Coleridge: 18c 영국 시인)가 선언했듯이, 기도는 인간의 본성에서 가능한 최고의 동력입니다. 마음을 다하고 힘을 다하여 기도하는 것은 이 땅에서 그리스도인이 수행하는 전쟁에서 이루어 낼 수 있는 마지막이자 최고의 위업입니다.

"주여, 우리에게도 기도를 가르쳐 주옵소서"(눅 11:1).

● 독자 여러분들께 알립니다!

'CH북스'는 기존 '크리스천다이제스트'의 영문명 앞 2글자와
도서를 의미하는 '북스'를 결합한 출판사의 새로운 이름입니다.

세계기독교고전 54

무릎으로 사는 그리스도인

1판 1쇄 발행 2017년 6월 7일
1판 4쇄 발행 2024년 2월 1일

지은이 무명의 그리스도인
옮긴이 박문재
발행인 박명곤 **CEO** 박지성 **CFO** 김영은
기획편집1팀 채대광, 김준원, 이승미, 이상지
기획편집2팀 박일귀, 이은빈, 강민형, 이지은
디자인팀 구경표, 구혜민, 임지선
마케팅팀 임우열, 김은지, 이호, 최고은

펴낸곳 CH북스
출판등록 제406-1999-000038호
전화 070-4917-2074 **팩스** 0303-3444-2136
주소 서울시 강서구 마곡중앙6로 40, 장흥빌딩 10층
홈페이지 www.hdjisung.com **이메일** support@hdjisung.com
제작처 영신사

Ⓒ CH북스 2017

"크리스천의 영적 성장을 돕는 고전"
세계기독교고전 목록